좋은 엄마
콤플렉스

좋은 엄마
콤플렉스

발행일	2012년 11월 2일 초판 1쇄 발행
지은이	이서경
발행인	방득일
편 집	신윤철
디자인	강수경
마케팅	김지훈
발행처	빠른거북이
주 소	서울시 중구 묵정동 31-2 2층
전 화	02-2269-0425
팩 스	02-2269-0426
e-mail	nurio1@naver.com

ISBN 978-89-97206-06-3 13370

※ 책값은 뒤표지에 있습니다.
※ 잘못된 책은 구입처에서 교환하여 드립니다.
※ 이 책은 저작권법에 의하여 보호를 받는 저작물이므로 무단 전재와 무단 복제를 금합니다.

좋은 엄마
콤플렉스

빠른거북이

모든 엄마들의 생각
"난 좋은 엄마인 줄 알았다"

깔끔하게 차려 입은 품위 있는 여성들이 대기실에서 초조해하며 기다리고 있다. 잠시 후 자신의 자녀 양육 보고서를 받는다.

"좋은 엄마입니다."

엄마들은 결과를 보면서 환호성을 지른다.

'몰랐단 말인가? 좋은 엄마인지? 그렇게 잘해 나가고 있으면서도?'

엄마들은 모두 마음 한 구석에 아이에 대한 미안한 마음을 가지고 있다. 동시에 자신이 제대로 아이를 기르고 있는 것인지에 대한 조바심도 가지고 있다. '우리 아이가 잘 크고 있는 건지', '유치원에서는 잘 놀고 있는 건지', … 그리고 '내가 제대로 아이를 잘 기르고 있는 건지, 아이에게 잘못하고 있는 것은 아닌지' 등. 자녀 양육에 대한 평가에 조바심이 나면서 갑자기 자신감이 없어진다. 앞에서 본 가상 상황으로 다시 돌아가 보자.

보고서를 받은 엄마는 안도의 한숨을 쉰다.

프롤로그

"다행이다. 내가 좋은 엄마여서. 잘 하고 있는 편이구나."
그 순간 또다시 불안이 고개를 든다.
"옆집 아이는 6살인데 한글로 엄마에게 편지를 쓴다던데."
가슴이 철렁 내려앉는다. 때마침 우리 아이는 TV 애니메이션에 빠져서 '헤~' 웃고 있다.
이건 달려도 달려도 끝나지 않는 경주이고, 매일매일 물을 쏟아 부어도 채워지지 않는 '밑 빠진 독'이다.
그래도 어쩌다 위안이 되는 때가 있다. 너무 귀여운 아이의 모습을 볼 때이다. 통통한 볼에 맛있게 밥을 먹고 있는 모습이나, 유치원에서 배운 노래를 자랑하는 모습을 보면 영락없는 자식 바보가 되어 있다.
모든 엄마들은 이처럼 자녀 양육에서 불안감과 걱정을 안고 산다. '직장 맘(mom)'들은 '직장 맘'대로, 전업주부는 전업주부대로 저마다 걱정과 근심거리가 있다. 그러나 좋은 엄마가 되는 방법은,

누가 알려주지도 않고, 어디서 배울 수도 없다. 엄마가 되기 전까지는 관심도 없는 주제이다. '나는 아이를 어떻게 키우고 있을까?' '좋은 엄마라고 생각하고 키우고 있지만, 사실은 좋은 엄마 콤플렉스에 빠져 있는 것은 아닐까?' 걱정은 또 다른 걱정을 부르고, 생각은 끝도 없이 이어지며, 결국 자신은 '나쁜 엄마'라는 자책에 빠져든다.

그러나 이러한 열등감은 자신이 '좋은 엄마'가 되기 위한 방편으로 아이를 재단해버리는 부작용을 낳는다. 중요한 것은 내가 '좋은 엄마'가 되는 것이 아니라 우리 아이가 '바른 아이'가 되는 것이다.

나는 이 책에서 엄마라는 존재를 다시 한 번 생각해 볼 수 있게 되기를 바라며, 단순히 좋은 엄마가 되기 위한 방법을 엿보기 보다는 바른 아이로 양육하기 위한 다양한 사고의 전환과 가치관의 변화가 이루어지도록 도움이 되었으면 한다. 아이에게 우리가 해 줘야 하는 일은 단순히 밥을 잘 먹이고, 영양과 발육 상태를 확인하고, 아프면 치료해주고, 병에 걸리지 않게 예방하고, 아이의 정서나 지능이 다른 아이와 마찬가지로 혹은 더욱 뛰어나게 발달하여 결국에는 돈도 잘 벌고 사회적으로도 인정받고 잘 사는 아이로 만드는 것만은 아니다.

이 모든 것들을 잘 하기 위해 필수적으로 가져야 하는, 그러나 궁극적으로는 결과에 상관없이 자신의 인생을 행복하게 잘 살기 위해 필요한 마음가짐을 가르쳐 주는 것이 더 중요하다고 생각한다.

내가 아이의 인생에 어떠한 가치관을 심어주고 어떠한 엄마의 모습으로 제 역할을 다 하느냐가 중요하다. 엄마라는 존재는 아이가 이 세상과 자신을 어떻게 바라보고, 삶을 어떻게 이해하고 살아가야 하는 것인지에 대한 가이드가 되는 존재이다. 아이는 엄마가 보여주는 창을 통해 세상을 바라보는 관점을 획득한다. 어떤 창으로 세상을 바라볼 수 있도록 할 것인가? 엄마라는 존재는 아이에게 다른 모든 대인관계에 밑바탕이 되는 근원적인 대상이며 아이가 처음으로 세상을 알 수 있는 창을 제공해 주기 때문에 중요하다.

좋은 엄마가 되기 위해서는 어떻게 해야 한다는 정답은 없다. 다만 좋은 엄마가 되기 위한 이유와 그 방법을 고민하는 길잡이는 있을 수 있다. 선택은 각자 엄마들의 몫이다. 그리고 각자의 삶속에서 자기만의 방법과 색깔을 찾아야 할 것이다.

2012년 가을

이서경

엄마부터 행복해지자

이 땅의 여성들은 나이가 들면 결혼을 하고 자연스럽게 엄마라는 이름으로 불리게 된다고 배우며 자랐다. 그렇게 엄마가 된 여성들은 자신이 심리적으로 성장하려고 노력하기보다는 단순히 아이에게 좋은 엄마가 되기 위해 부단히 애를 쓴다. 하지만 결과적으로 아이에게 의존하고 비난하면서 자신의 유아적 욕구를 채워주는 대상으로 삼는 경우가 많다. 무조건 좋은 엄마가 되고자 하는 엄마를 둔 아이는 괴로울 수 밖에 없다.

어린 시절 아이답게 마음대로 행동할 수 없었던 사람은 어른이 되고 나면 성격적으로 또는 심리적으로 여러 가지 문제를 갖게 되고 그로 인해 주변을 괴롭힌다. 마음이 건강한 사람은 주위 사람들을 탓하지 않는다. 성격적 혹은 심리적 문제가 있는 사람들은 상대를 비난하면서도 떨어지려고 하지 않는다. 역설적이지만 가장 가까운 사람들에게 좋은 사람이 되고자 하지만 오히려 나쁜 영향을 끼칠 수 있다.

우리는 누구나 콤플렉스라는 단어에 익숙하며 자신의 콤플렉스

추 천 사

가 무엇인지 어렴풋이라도 알고 있다. 그러나 깊이 있게 들여다보고 원인을 분석하는 것은 외면하기 마련이다. 콤플렉스 치유는 상처를 마주 대하며 시작된다.

이 책에서는 좋은 엄마가 되기 위해 전전긍긍하며 살아가는 엄마들이 하는 행동양식을 '좋은 엄마 콤플렉스'라고 부르며, 다양한 콤플렉스 유형을 구분해주고 있다. 아마 독자들은 '내 이야기'가 아닌가 해서 가슴을 쓸어 내릴 것이다.

좋은 엄마가 되고 착한 아이를 기르려고 집착하다 아이를 옭아매고 있지는 않은지, 이 책을 통해 긍정적 입장에서 생각해 볼 시간을 갖기를 권한다. 자녀교육 지침서는 쏟아져 나오고 있지만 사실 강인한 실천력을 가진 부모가 아니고서야 실제 생활에 적용한다는 것은 쉽지 않다.

이서경 원장이 많은 엄마들과 아이들을 만나면서 찾아낸 소중한 지혜를 담은 이 책을 만나는 엄마들은 행운이다. 우리 아이가 건강한 마음을 가지고 자랄 수 있도록 안정된 가정의 울타리를 만들고자 한다면 엄마부터 행복한 사람이 되어야 한다.

경희의료원 소아정신과 교수 반건호

차 례

프롤로그 / 4

1 우리는 왜 좋은 엄마에 집착하는가?

- 대한민국 30, 40대 '좋은 엄마들' · 22
- 아이의 성장에 따른 엄마의 역할 변화 · 26
- 아이의 초기 발달 단계에서 중요한 엄마라는 존재 · 34
- 상처를 되돌리기 위해서 '좋은 엄마'에 집착한다 · 39
- 내가 못 다한 것을 하기 위해서 '좋은 엄마'에 집착한다 · 45

2 '나쁜 엄마'가 되어 버리는 '좋은 엄마' 콤플렉스

- '헤밍웨이' 콤플렉스 : 독재적 양육을 하는 엄마 · 57
- 라푼젤의 마녀엄마 '고델' 콤플렉스 : 품에서 놓지를 못하는 엄마 · 64
- '황새 쫓는 뱁새 엄마' 콤플렉스 : 열등의식에 시달리는 엄마 · 71
- '선녀와 나무꾼' 콤플렉스 : 남편을 배제하는 엄마 · 79

contents

- '뻐꾸기 키우는 오목눈이 엄마' 콤플렉스
  : 헌신 후 헌신짝처럼 버려지는 엄마 · 87
- '밤의 여왕' 콤플렉스 : 아이를 협박하는 엄마 · 95
- '엄마 찾아 삼만리' 콤플렉스 : 아이에게 동정 받으려는 엄마 · 106
- '백설공주 엄마' 콤플렉스 : 아이를 질투하는 엄마 · 113

3 '좋은 엄마' 콤플렉스에서 '나'를 구하자

- 완벽한 엄마가 되려는 강박증에서 벗어나기 · 126
- '내 엄마'의 굴레에서 벗어나기 · 131
- 다른 사람들의 관점을 이해하자 · 137
- 나의 문제를 남의 눈으로 보자 · 142
- '내 코가 석자'여도 좋은 엄마가 되려고 하자 · 145
- 항상 공부하고 자기수양을 하는 게 필요하다 · 148
- 항상 언제나 그 자리에 있는 아름드리나무와 같이 · 152

4 상식을 뒤엎는 좋은 엄마 되기

- 남보다 10% 밑지게 키워라 · 162
- 유모차를 없애라 · 166
- 전집을 사지 말아라 · 169
- 학교를 꼭 보내야만 하는가? · 175
- 칭찬의 역설, 차라리 칭찬을 하지 마라 · 181
- 아이를 벼랑에서 밀어라 · 186
- 순면 100%의 배냇저고리 대신 거친 타월로 말아라 · 191
- 메멘토 모리(Memento Mori) · 195
- 아이에게 집안일을 부탁하자 · 200
- 엄마나 잘하자 · 203
- 화내는 것도 습관이다 · 207

contents

5 아이와 함께 좋은 엄마 되기

- 모든 것을 용서하고 품어주어라 · 217
- 어떠한 상황에서도 언제나 긍정적으로 · 221
- 오늘의 아이는 어제의 아이가 아니다 · 226
- 황희 정승의 누렁소, 검은 소 일화를 배워라 · 230
- 전두엽이 발달한 아이로 만들자 · 236
- 강하게 몰입해라 · 240
- 사소한 것에도 도덕을 지키는 아이가 성공한다 · 247
- 아이는 인류가 나에게 잠시 맡겨둔 선물이다 · 251
- 생각하는 자 천하를 얻는다 · 255
- 인간은 스스로 믿는 대로 된다 · 258
- 정서 지능을 길러주는 3단계 대화법 : 인정 - 엄마 의견 - 대안 모색 · 263
- 부부는 일심동체, 한목소리로 같은 메시지를 전달하라 · 266
- 위인전을 읽혀라 · 269

에필로그 / 274

모성애의 진실한 성취는,
어린아이에 대한 어머니의 사랑에서가 아니라
성장하는 아이에 대한 어머니의 사랑으로 이루어진다.

- E. 프롬 -

Chapter 1

우리는 왜
좋은 엄마에 집착하는가?

왜 우리는 좋은 엄마에 집착하게 될까? 좋은 엄마라는 것은 무엇이기에 그토록 좋은 엄마가 되고 싶어하는 걸까? 엄마라는 것이 무슨 숙제나 굴레처럼 느껴지게 되는 경우가 있다. 자연스러운 나 자신으로서의 모습이 아니라 꼭 해내야 하는 일종의 부담으로 지워지게 되는 경우가 있다. 옛날 우리 어머니들 시대에는 엄마가 된다는 것은 너무도 자연스러운 일이었다. 누구나 때가 되면 아이를 여럿 거느린 엄마가 되었다. 그때에는 누구도 "난 엄마가 되기 싫어, 난 엄마가 되지 않을 거야."라고 거부하거나 선택할 수 있는 상황이 되지 못하였다. 아이가 어른이 되듯이 여자라면 누구나 되는 것이 엄마였고, 일종의 순리였다. 그런데 시대가 변하면서 엄마라는 역할에 대한 인식이 많이 달라졌다. 여성들이 엄마라는 자격을 선택할 수 있는 처지가 되었다. 엄마라는 역할은 소녀가 여자가 되듯이 반드시 거치면 결혼 여부와는 상관없이 엄마가 될 수 있고, 또 임신이라는 특수한 과정을 거쳐야 하는 것이 엄마이고, 임신에 관한 결정은 과거와는 달리 여자가 스스로 선택할 수 있는 상황이 되었다. 의학기술의 발달로 임신을 피하거나 임신을 철회할 기회가 개개인에게 주어졌다. 따라서 엄마가 되는 시기를 자신이 인생 계획표에 맞게 조절하거나 아니면 원치 않는 임신 등을 피할 수 있게 되다 보니, 자연히 엄마라는 역할에 대한 생각도 과거와는 많이 달라졌다. 이제 엄마들은 엄마라는 역할을 과거처럼 자연스러운 통과의례로 받아들이기보다는 인생의 과제로, 잘 해내야 하고 잘 완수해내야 하는 목표로 받아들이는 경우가 많아질 수밖에 없다.

　아이를 한두 명으로 선택할 수 있는 것도 엄마들이 아이에 대해서 좋은 엄마의 역할을 다하고 싶어하는데 일조한다. 이제 아이를 잘 키우기 위한 엄마 역할은 여성들에게 있어서 자신의 인생에서 성공적으로 완수해야 하는 과제가 되어 버렸다. 그래서 마치 좋은 대학을 들어가는 것처럼 좋은 엄마가 되는 것에 목숨을 걸게 되었다. 그러나 언제나 집착과 욕심은 잘못된 결과를 낳듯이 '좋은 엄마'에 대한 지나친 집착은 아이에게 바람직하지 않은 결과를 낳게 된다.

　아이는 엄마의 인생에서 하나의 도전과제가 되었지만, 자연스러운 생물학적인 과정에 의해 잉태되고 자연이 주는 발달 과정을 거쳐야만 하는 생명체이기도 하다. 따라서 현재의 엄마들은 엄마 역할에 대한 사회학적인 변천에 적응해야 하면서 또 다른 면에서는 자연이 주는 과정을 잘 이해하고 따라야만 한다.

　현재 엄마들은 과거 어머니 세대와는 달리 자녀 양육과 관련된 정보의 홍수 속에 살고 있으며, 자녀 수가 적기 때문에 자신의 모든 역량을 아이에게 집중하게 된다. 그러다 보니 예전 세대에서는 그냥 '엄마'라고 불리던 역할에 '좋은 엄마'라는 이름표를 달아야 한다는 보이지 않는 강박관념 속에서 살게 된다. 매스컴에서는 어린 시절부터 발달 단계에 따라 놀아주는 방법, 지능과 감성을 개발시켜 주는 양육방법 등을 가르쳐주고, 학령기에는 엄마에게 매니저 역할을 요구하며 아이의 스펙을 관리하는 엄마의 모습을 비춰주어 모든 엄마가 일종의 강박관념을 지니고 전부 같은 목표를 향해 달려가게 하고 있다.

육아에 정답은 없다. 변화된 사회적 상황 속에서 시행착오를 통해 스스로 길을 찾아야 하는 엄마들의 입장은 그만큼 걱정과 두려움을 많을 수밖에 없다. '내가 하는 양육이 맞는 건가?', '이 방법이 아이에게 최선인가?', '나는 잘하고 있는 것일까?' 끝도 없이 자문하지만, 자신이 없다. 그토록 많은 육아서적이나 육아에 대한 정보들이 홍수처럼 쏟아져 나오는 것은 어쩌면 당연한 일인지도 모른다. 그만큼 현재 엄마들은 아이를 키우는 데 있어 불안해하고 있다는 뜻일 테니까.

우리는 다양한 정확한 정보, 특히 심리학적인 실험과 뇌과학 및 인간 발달에 관한 연구, 즉 아이에 대한 탐구가 그 어느 시기보다 활발하게 이루어지는 시대에 살고 있다. 이러한 정보를 자신과 아이에게 맞게 사용하는 것이 중요하다. 이러한 과학적인 정보와 지식을 기반으로 과거 우리를 키워왔던 어머니들의 지혜를 본받아 조화롭게 자신만의 가치관을 확립하고 아이를 바라본다면, 어쩌면 우리 세대야말로 다음 세대에 양육의 새로운 가치를 열어주는 멋진 신세계를 여는 세대일 수도 있다.

진료실에서 만나는 많은 엄마가 아이 이야기를 하면서 눈물을 흘린다. "내가 잘못 키운 것 같다. 다 내 잘못인 것 같다. 나는 좋은 엄마가 아닌 것 같다." 당당하고 너무나도 멋진 엄마들도 모두 자식 문제 앞에서는 한없이 자신이 없어지고, 걱정이 앞서며 죄책감을 느끼는 것이다. 하지만 이런 엄마들에게 다음과 같은 말을 전하고 싶다.

"당신은 엄마이기 때문에 모두 다 옳다. 당신 자식을 당신만큼 사랑하고 잘 돌볼 수 있는 사람은 이 세상에 당신밖에 없다."

대한민국 30, 40대 '좋은 엄마들'

우리나라 역사상 지금처럼 엄마 역할이 복잡하고 많은 것이 요구되는 시대는 없었다. 대한민국의 30, 40대 엄마들은 예전과는 다른 사회 환경 속에서 새로운 엄마 역할을 요구받고 있다.

우리의 어머니 세대에서는 생계 문제가 전부였기 때문에 육아를 중요하게 생각하지 않았다. 우리 어머니들은 집안에서 대대로 내려오는 전통적인 방법에만 의존하여 아이들을 키웠다. 자녀수가 많았고 사망률도 높았기 때문에 그저 아이들이 죽지 않고 건강하게 사는 것이 최고의 바람이었다. 이들은 생존이 문제인 한국전쟁 전후(前後)에 태어나서 갖은 고생을 하며 아이들을 길러 냈다. 그리고 본인들도 남존여비 사상이 팽배해 있던 윗세대로부터 관심과 애정을 받지 못하고 자랐고 교육도 많이 받지 못하였다. 그래서 어머니의 역할이라고는 그저 아들을 낳아 잘 키우고 가족을 위해 희생하고 참고 견디는 것이 전부라고 생각하고 살았다.

반면 지금 30, 40대 엄마들은 사회 진출이 활발하고 경제적으로도 안정된 삶을 누리고 사는 첫 세대이다. 자신의 능력에 대한 자신감에 차 있고 배운 것도 많아서 지적으로도 풍부한 자산을 가지고 있는 세대이다. 그러나 사회적으로는 이렇게 자신만만하더라도 막상 엄마가 되어 버리면 왠지 모를 불안감이 엄습해오고 자신감이 사라진다. '뭘 어떻게 해야 하나?', '내가 잘하고 있는 건가?', '혹시 내가 엄마 자격이 없는 것은 아닐까?' 불안감과 죄책감이 밀려오기 시작한다.

역설적이게도 양육에 있어서는 이들은 자신의 어머니가 가정에서 했던 방식 그대로 엄마의 역할은 자식을 위해 희생하고 참아야 하는 존재인 것처럼 생각한다. 왜냐하면, 늘상 보고 배운 '엄마'라는 존재는 그런 것이었기 때문이다. 학교나 사회에서는 변화된 여성의 가치와 다양한 직장 여성의 모습을 보여주지만, 어디서고 엄마 역할에 대해 새로운 가치를 알려주거나 다양한 역할모델을 보여주는 기회는 없었기 때문에 자신이 보고 자랐던 엄마가 유일한 교과서가 되는 것이다. 따라서 똑똑하다고 자부하는 여성들도 엄마가 되는 순간, 머릿속에 무의식적으로 각인되어 있던 전형적인 한국 엄마의 모습대로 행동하게 된다. '엄마는 아이를 위해 모든 것을 희생해야 한다.', '엄마는 아이를 무조건 사랑해야 한다.' 등의 전통적인 인식이 작동하는 것이다. 하지만 바쁘고 다양한 사회적 역할을 수행해야 하는 현실과 이러한 전통적인 인식과의 차이에서 오는 혼란감이 엄마들을 더욱 혼동스럽게 만든다. 현실에서 내가 원하는 것과 이미 익숙하게 보아왔던 것 사이의 괴리와 모순 속에서 엄마들의 마음속에는 불만족과 불안이 쌓이게 된다. 그래서 '엄마란 모름지기 이래야 할 텐데, 왜 난 안 그럴까?' '모유 수유를 하는 게 좋은데, 모유 수유가 힘든 나는 좋은 엄마가 아닌가 봐', '불쌍한 우리 아이, 미안하다.' '나는 나쁜 엄마야. 엄마 자격이 없어.'라는 식으로 자신을 몰아가게 된다.

30, 40대 엄마들은 헌신적이고 희생적인 자신들의 엄마를 보며 자랐지만, 사회적으로는 남자들과 어깨를 나란히 하고 훌륭한 성취를 이루어낸 첫 세대이다. 집에서는 전통적인 여성으로서의 가치관이, 밖에서는 남자들과 동등한 사회적인 가치관이 공존하는 혼란스러운 정체성을 가질 수밖에 없다. 개인일 때에는 문제가 없지만, 엄마가 되는 순간 이러한 상충하는 가치관 때문에, 여러 요구에 제대로 부응하지 못한다는 생각이 들어 마음이 괴로워지고 언제나 부족한 느낌이 들게 된다. 아이러니하게도 윗세대로부터 배운 희생적인 '좋은 엄마' 역할에 충실하기 위해, 현재의 30, 40대 엄마들은 현대적인 새로운 육아 정보를 배우는 데 여념이 없다. 자녀 양육을 이렇게 열렬하게 과학적으로 하려는 세대가 우리나라에

또 있었을까? 방식은 현대적이고, 마음가짐은 고전적인 이중적인 혼란 속에서 30, 40대 엄마들은 우왕좌왕하고 있다. 지금 30, 40대 엄마들이 해야 할 일은 자신의 역할과 자녀 양육에 대한 가치관을 누구의 말에도 휘둘리지 않고 나름대로 확립하는 것이다. 윗세대는 아이를 이렇게 키우라고 하고, 내가 아는 상식과 지식에서는 저렇게 키우는 게 맞고, 엄마 역할에 대한 다른 사람들의 시선은 이런데, 나는 직장을 다니기 때문에 이렇게밖에 할 수 없다면 그 중에서 하나를 선택하고 밀어붙이는 것이 필요하다. 아이도 최고로 키우고 싶지만, 나의 자아실현도 포기할 수 없는, 상충하는 가치와 생활 습관 속에서 나름의 양육 스타일을 찾아야 하는 과제를 가진 과도기적인 세대이기 때문에 힘들 수밖에 없다.

좋은 엄마가 되겠다고 집착하는 것은 혹은 좋은 엄마가 되지 못했다고 좌절하는 모습은 과거 어머니의 모습을 통해 각인됐던 희생적이고 헌신적인 엄마 상에 몰두해 있기 때문일 수도 있다. 더 자유롭고 인간적인 엄마의 모습을 받아들인다면 좋은 엄마가 되어야겠다는 집착에서도 벗어날 수 있게 되지 않을까? 우리는 우리 시대의 새로운 엄마 상을 위해 가족 내에서의 엄마의 역할, 자녀와 1:1 관계에서의 엄마의 역할을 새롭게 정립해 나가는 게 필요하다.

아이의 성장에 따른
엄마의 역할 변화

엄마의 역할도 아이의 성장 시기에 따라 달라진다. 0~1세의 영아기에 엄마는 전적으로 모든 것을 해 줘야 하는 보호자 역할을 한다. 어느 것 하나 아이 스스로 할 수 있는 게 없기 때문이다. 이때는 엄마라는 존재는 먹이고, 씻기고, 재우고, 놀게 하는 모든 활동을 아이를 대신해서 해주는 존재이다.

1~3세의 걸음마기에 엄마는 아이가 스스로 할 수 있는 것이 늘어나면서 영아기처럼 모든 것을 해 주지 않아도 된다. 그러나 역시 엄마가 많은 부분 아이를 대신해서 도와주는 양육자 역할을 한다.

3~7세의 유아기에는 엄마가 기본적인 사회 규칙이나 규범 등을 가르치고 도와주는 훈육자의 역할을 한다.

7~12세의 학령기가 되면 엄마가 해야 할 일은 아이가 스스로 공부나 대인 관계 등을 할 수 있도록 격려해주는 격려자의 역할을

한다.

12~20세의 청소년기에는 인생의 갖가지 고민이나 정체성 확립을 위한 깊이 있는 생각의 상담자 역할을 한다.

20~40세 성인기 이후에는 엄마는 인생을 같이 날아가는 동반자의 역할을 한다.

아이는 자신의 신체 발달 과정에 따라 심리적인 성장도 함께 한다. 엄마의 역할도 아이의 성장에 따라 달라져야만 한다. 그런데 이렇게 아이의 성장에 따른 양육의 역할 변화를 따라가지 못하고, 엄마의 역할을 고집하면 문제가 생긴다. 아흔 된 할머니도 예순 된 자식이 아기 같아서 늘 불안하다고 말한다. 자식은 언제나 엄마 처지에서 보면 자신이 돌봐줘야 하는 아기 같다는 생각이 들 수도 있다. 변화된 아이의 성장을 보지 못해서일 수도 있고, 지나치게 걱정이 많거나, 아이를 믿지 못해서 혹은 아이를 통제해야 마음이 편해서 그럴 수도 있다. 학령기나 청소년기에도 유아기나 영아기처럼 훈육 또는 양육하려고 하면 아이가 반항하거나 의존적인 아이가 되는 등 문제가 생기기 쉽다. 따라서 엄마는 아이의 성장에 맞게 자신의 엄마 역할의 옷을 갈아입을 줄 아는 유연함을 보여야 한다. 즉 아이가 성장함에 따라 엄마 자신도 심리적으로 성장해야 한다는 뜻이다. 그런데 대부분의 한국 엄마들은 어린 아기 시절에 했던 양육자 역할을 그대로 고수하는 경향이 있다.

교육방송에서 9세 된 아이를 둔 우리나라 가정과 영국 가정의 아침 풍경을 비교해서 보여준 적이 있다. 우리나라는 엄마가 아침에 아이를 깨우고 옷을 골라주고 입혀준다. 아이가 입맛이 없다고 하자 엄마가 밥도 떠먹여 준다. 가방 잘 챙겼는지 엄마가 확인한다. 밥을 먹는 동안 엄마가 머리를 빗겨주고 시간이 없자 엄마가 아이 이도 닦아준다. 아이는 여유롭고 엄마는 너무나도 바쁘다. 지각을 면하기 위해 엄마가 많은 부분을 대신 해주고 발을 동동 구른다.

반면 영국은 아이가 혼자 알람을 듣고 일어난다. 혼자 입을 옷을 고른다. 가방도 스스로 챙긴다. 엄마는 동생을 보살피느라 방에 들어와 보지도 않는다. 아침 식탁에서도 밥을 스스로 먹고 머리도 스스로 빗는다. 아이가 도움을 청할 때만 엄마가 도와준다. 학교에 늦지 않게 준비하는 것은 아이의 몫이다. 엄마는 늦지 않도록 확인만 할 따름이다. 영국 엄마의 인터뷰가 인상적이었다.

"저는 아이가 스스로 할 수 있는 일은 절대로 도와주지 않습니다. 아이에게 독립심이 무엇보다 중요하다고 생각합니다. 독립심은 강한 사람을 만듭니다. 아이가 자신을 믿는 것이 중요합니다."

만약 어느 대한민국 엄마가 저런 이야기를 한다면, 무척 낯설게 느껴질 것이다. 어쩌면 "엄마가 너무 무관심한 거 아냐? 독하네!"라는 반응이 올지도 모를 일이다. 그만큼 많은 우리나라 엄마들은 아이의 나이에 상관없이 아이를 대신해서 해주고 참견하고 걱정하는 모습이 많다. 아이가 중고등학생이 되어도 심지어 성인이 되어도 엄마가 다 해주는 아침 풍경에서는 벗어나지를 못하고 있는 것이다. 강한 모성애로 둔갑한 지나친 개입이 되고 마는 것이다.

이런 것들이 학습 상황에서도 비슷하게 나타난다. 초등학교 저학년까지 엄마가 아이 공부를 하나하나 간섭하고 시킨다. 그러다 아이가 머리가 커지면 엄마의 잔소리에 반항하며 공부에서 손을 놓는다. 어린 시절부터 공부도 엄마가 옆에서 대신 지시하고 해주다 보니 아이로서는 흥미와 의욕이 떨어지고 오히려 학습에 진절머리를 내는 경우가 생기게 된다.

"아이를 위해서 엄마가 챙겨주고 아이가 어려워하는 것을 대신해 주는 것이 뭐가 잘못되었죠?" "엄마로서 당연한 것 아닌가요?"

이렇게 묻는 엄마들이 있다. 그러나 이런 엄마들은 아이의 심리적인 발달에 따른 엄마 역할이 변화해야 한다는 것을 모르고 있는 것이다. 엄마는 "챙겨준다."는 생각으로 당연한 엄마의 역할로 여기지만, 아이로서는 '나를 독립된 인격체로 보지 않고 간섭하는 것'이라고 여기게 된다. 이것이 아이와의 사이에서 문제를 야기한다.

그런데 왜 우리나라 엄마들은 영국 엄마들보다 아이를 대신해서 해 주려고 하고 직접적인 개입을 하는 걸까? 아이가 스스로 하면 느리고 서툴기 마련이다. 제대로 하기 위해서는 수차례 시행착오를 거치고 연습도 많이 해야 한다. 그런데 엄마가 대신해 주면 빠르고 정확하고 안전하다. 우리나라 엄마들은 그 느리고 미숙한 과정이 아이가 일을 익숙하게 해내는데 필수적이라는 것을 잘 알지 못한다. 어떤 일에 전문가가 되기 위해서는 1만 시간을 투자를 해야 된다는 연구결과가 있다. 즉, 처음에는 익숙지 않았던 일이지만, 계속 실행을 하다 보면 그것이 습관처럼 익숙해지게 된다는 것이다. 아이가 자신이 익숙하지 않은 일을 해 내가는 과정을 통해 시행착오를 경험하고 이를 수정하고 더 좋은 방법을 스스로 찾게 되며, 자기 것으로 완전하게 마스터하게 되는 느낌을 갖는다. 그리고 이러한 느낌은 아이의 자존심과 성취감에 큰 영향을 미친다. 그러나 대신해 주는 것은 아이가 생각하는 과정을 방해하고 아이의 연습 시간을 뺏는 것이 된다. 정도의 차이는 있을지언정 대부분의 우리나라 엄마들은 과정의 느림을 인내하기보다는 결과 중심의 초조감을 가지고 있다. 이렇게 과정보다는 결과 중심적인 사고를 하는 엄마들은 아이들이 해야 할 일들을 대신해 주게 된다.

 그렇다면 왜 우리나라 엄마들은 과정보다는 결과를 중심적으로 보게 되는 것일까?

 뇌 연구를 통해서 그 실마리를 찾을 수 있다. 한 연구에서는 우리나라 엄마들과 서구의 엄마들을 대상으로 나의 점수와 남의 점수를 보여주고 보상뇌의 활성도를 fMRI(기능적 자기공명영상촬영)를 통해 측정하였다. 보상뇌(측좌핵, nucleus accumbens)는 기쁨과 보상, 동기부여에 관여하는 영역이다. 결과는 서구의 엄마들은 나의 점수가 높아지는 절대적인 이익에서만 보상뇌가 강하게 활성화가 되고, 남과의 차이를 보여주는 상대적인 이익에는 보상뇌가 반응하지 않았다. 반면 우리나라 엄마들은 나의 절대적인 이익에는 보상뇌가 반응하지 않고, 오히려 내가 남보다 점수가 높은 상대적인 이익에서 보상뇌가 강하게 활성화가 되었다. 내가 100점이고 남들도 100점일 때는 활성화가 되지 않고, 오히려 내가 70점이고 남들이 40점일 때 강하게 활성화가 되는 특징을 보였다. 즉, 우리나라 엄마들은 자신의 절대적인 이익에는 만족감이 별로 크지 않고, 다른 사람 등 비교 대상이 있을 때 나의 위치를 보고 기쁨과 만족감을 느낀다는 것이다.

　이러한 태도는 아이를 평가할 때도 고스란히 나타난다. 아이의 내적 과정보다는 결과에, 그리고 그것이 다른 사람보다 얼마나 잘했느냐에 따라 평가가 달라진다. 아이가 100점을 받았다고 엄마에게 자랑하면 우리나라 엄마 중 십중팔구는 꼭 물어본다. "너희 반에 또 누가 100점 맞았어?"라고 말이다. 아이가 잘 배우고 있는지보다 남들보다 잘하고 있는지가 더 궁금한 것이다.

　그럼 우리나라 엄마들은 왜 성취에 대한 기쁨을 남들과 비교해서 받아들이게 되는 것일까? 아마도 사회 전반에 걸쳐 성공의 결과에 초점을 맞추는 분위기가 그렇게 만들었을 수 있다. 지금의 엄마 세대는 과거에 공부를 잘하면 사회적으로 인정받는 사회적 분위기에서 자랐다. 대학입시 철이 되면 뉴스 1면을 장식했던 것이 "서울대 전체 수석"에 대한 것이었다. 특히 지금의 30, 40대 엄마들이 학창시절인 1980~1990년대에는 신문과 뉴스 및 잡지에서 그러한 뉴스를 대서특필하고 전국민적인 관심을 끌었다. "학력고사 전국 수석, 서울대 인문계 수석" 등의 기사가 없어진 것은 불과 얼마 전의 일이다. 하지만 아직도 "○○천재", "전체 수석", "○○대회 1등 수상"에 대해서 국민적 관심이 많고 대중적 호응도가 높다.

지금의 엄마 세대는 '공부 1등'에 대한 사회적 가치를 중요시하던 시대에 학창시절 대부분을 보냈다. 모든 언론에서 성적이 좋은 것에 대해 칭송을 하고 이에 대한 기대심리를 높이는 보도를 했던 시대였다. 그러니 나도 모르는 사이에 '누가 누가 잘하나'에 몰두하게 되는 것이다. 이제는 누가 서울대 수석인지가 사회적 이슈가 되지 못한다. 왜냐하면, 너무나도 많은 가치들이 공존하는 시대이기 때문에 어느 한 특정 대학이 가장 우수하다고 볼 수가 없기 때문이다. 대학을 들어가는 방법도 너무나도 다양해져서 어느 누가 가장 잘했다라고 획일적으로 평가하기 어렵다.

또 예전에는 나라 안에서만 경쟁하는 시대였기 때문에 서열을 매기는 게 쉬웠고 국민적 관심을 끌었다. 하지만 이제는 서울대나 카이스트, 심지어 인도의 어느 대학 중 어떤 대학이 가장 우수하다고 쉽게 말할 수가 없다. 아마도 우리 아이들 세대가 엄마가 되는 때에는 다양한 가치가 공존하는 시대적 분위기에 맞게 우리 때보다는 "누가 잘 하느냐"에 대한 관심이 더 줄어들지 않을까 싶다.

시대가 변하는 만큼 우리의 사회적 가치에 대한 관점도 바꿔야 한다. 그렇지 않으면 과거 가치의 노예가 되고 만다.

한 가지 우려스러운 것은 최근에는 성적보다도 더 위험스러운 가치가 떠오르고 있다는 사실이다. 이제는 돈이라는 새로운 가치를 숭배하는 시대가 되고 있다. 어린 아이들마저도 돈에 대한 가치를 중요하게 여기는 이야기를 많이 하고, 청소년들에게 진로를 물으면 "'돈 많이 버는 직업'이요". 부모들도 "돈이 없어서, 돈이 많아야" 등 돈에 대한 이야기를 많이 한다. 나중에 우리 아이들이 엄마가 되는 때에는 "누가 잘 하느냐." 보다도 "누가 돈이 많으냐."에 또다시 경도되지는 않을까 걱정이 된다.

우리 아이들이 어떠한 가치를 두고 살아가야 하는지에 대해 중심을 잘 잡아주는 것이 필요하다. 아이가 성공한 삶을 살기를 바라는가? 아이를 1등으로만 만들고 싶은가? 혹시 엄마가 아이를 통해 대리만족하려는 것은 아닌지, 사회가 요구하는 가치에 자신의 주관을 잃고 흔들리고 있는 줄도 모르고 있는 것은 아닌지 곰곰이 생각해 봐야 한다.

아이의 초기 발달 단계에서 중요한 엄마라는 존재

엄마는 이 세상의 모든 사람들에게 중요한 절대적인 존재이며, 그 누구도 대신할 수 없는 존재이다. 엄마는 언제 어디서나 그리고 누구와 있건 간에 그리워하게 되는 영원한 그리움의 대상이자 마음의 고향이다. 그래서 엄마와 관련된 것은 언제나 사람들에게 향수와 감동을 불러일으킨다. 어린아이 때는 엄마라는 존재가 더욱 절대적이다. 춥고 배고픈 살림살이라도 아이는 엄마만 있으면 행복하다. '맛있는 것도 장난감도 사줄 테니, 부자 아저씨 따라가자'고 해도, 엄마랑 살겠다고 울면서 매달리는 게 어린 시절의 엄마에 대한 마음이다.

1998년 미국 국방성에서 다음과 같은 실험을 했다고 한다. 사람의 입천장에서 세포를 떼어내 시험관에 넣고 몸과 시험관 각각에 피부반응 감지기를 부착한 후 시험관을 옆 건물로 옮겼다. 그리고는 평온한 비디오를 보자 몸과 시험관 양쪽 모두에 동시에 '평온'반응이, 공포 영화를 보자 '공포'반응을 동시에 보였다는 것이다. 국방부는 실험 결과에 놀라 거리를 점점 멀리 떨어뜨려보았고, 결국 80km나 떨어진 다른 도시에 시험관을 가져다 놓고 실험을 했지만 사람이 반응할 때마다 시험관 속의 입천장 세포도 똑같이 반응했다고 한다.

엄마와 아이의 끈끈한 유대감은 한 세포에서 출발하여 10개월간 한몸이었던 경험에서부터 시작될 수도 있다. 같은 몸이었던 시절이 있었기 때문에 이성적으로는 설명할 수 없는 강렬한 느낌을 공유할 수도 있다. 이렇듯 엄마와 아이의 관계는 이 세상에서 둘도 없는 독특하고 유일한 관계인 것이다.

아이는 태어났을 때 엄마와 한 몸이라고 느낀다. 마가렛 말러(Margarett marhler)라는 심리학자는 생후 2~5개월까지의 아기를 공생기(symbiosis)라고 말했다. '나'의 안과 밖을 구분하지 못하고, 엄마와 '나'를 하나의 융합된 개체로 인식하게 되는 시기이다. 태어나기 전에 자궁에서 엄마와 한 몸이었던 감각이 그대로 유지되는 것이다. 아이 입장에서 보면 배가 고프거나 엉덩이가 축축해서 불편감을 느끼면 어디에선가 무언가가 나타나 마법처럼 자신의 불편감을 해결해 준다. 어디에선가 따뜻하고 포근한 감촉을 느끼게 해주고, 부드러운 음성으로 나에게 말을 건네는 누군가가 있다는 느낌을 받는다. 이때 아이는 아직 엄마라는 대상이 있다는 것을 인식하지는 못하지만, 이 시기에 아이가 "내가 무언가를 원했더니 이루어지더라."라는 느낌이 앞으로 아이가 이 세상에 대한 긍정적인 느낌을 갖게 되는 기본이 된다. 그래서 이러한 믿음이 커서도 지속되면 자신감이 있고 긍정적인 사람이 된다.

따라서 이때에는 엄마가 민감하게 반응해 주고, 아이의 요구를 즉각적으로 들어주는 것이 중요하다. 자신의 욕구가 빨리 충족되지 않으면 아이는 자기 자신과 외부세계에 대한 의심과 불안감을 가지게 된다. 이 시기에는 혼내거나 야단을 치는 것이 소용이 없다. 어떤 부모는 아이 버릇이 없어진다며 아이의 요구를 한참 지나서 들어주는 경우도 있는데 이러한 태도는 좋지 않다. 오히려 아이의 내적 요구가 빨리 충족이 되는 것이 안정감을 느낄 수 있게 해주는 시기라는 것을 명심해야 한다.

아이가 1~2세가 되면 마음대로 몸을 움직일 수 있게 되고 탐색도 늘어난다. 스스로 무언가를 할 수 있다는 자신감이 생기고 호기심이 커지면서 세상에 대한 탐색도 늘어난다. 하지만 엄마와 멀리 떨어지면 불안해져서 엄마 옆으로 다시 오게 된다. 엄마 옆에서 충분히 안정을 느낀 다음에 또다시 탐색을 하는 과정을 되풀이하면서 점점 더 탐색하는 시간과 거리가 늘어나게 된다. 이 시기의 아이들은 자율성과 새로운 세상을 탐색하려는 시도가 중요하다. 따라서 아이가 무언가를 하려고 하면 불안해하거나 못 하게 하지 말고 아이가 스스로 할 수 있게끔 도와주는 것이 중요하고 시도를 격려할 수 있도록 도와주는 게 필요하다. 만약 이 시기에 아이를 대신해서 해 주는 버릇을 들이거나 걱정이 되어서 새로운 시도를 하려는 것을 막는다면 아이는 불만족감을 강하게 느끼게 되거나 세상이나 일에 대한 불안과 걱정을 가지게 될 수 있다.

약 2세에는 대상항상성(permanence of mother)이 생기기 시작하기 때문에 보이지 않아도 엄마가 존재한다는 것을 안다. 그전까지는 눈앞에 보여야 그 사물이 존재하는 것으로 느끼지만, 이 시기가 되면 대상이 마음속에 내재화가 되기 때문에 엄마가 옆에 없더라도 늘 마음속에 있는 엄마의 상을 품고 살아갈 수 있다. 즉, 실재의 엄마를 아이의 마음속에 영원히 복사해서 간직하는 것이다. 마음속에 각인된 이 이미지는 아이가 나중에 친구도 사귀고 배우자도 찾게 되는 대인관계에서의 중요한 원형이 된다. 마음속에 남아 있는 엄마의 이미지가 어떤가에 따라 아이가 앞으로 만나는 모든 대인관계에 영향을 미치게 되는 것이다.

이처럼 아이가 태어나서 2세가 되기까지는 엄마와 한몸이었던 아이가 엄마로부터 분리가 되고, 엄마의 상(象)을 마음속에 어떠한 기준이 되는 모습으로 영원히 간직하게 되는 놀랍고 중요한 과정을 거치는 것이다. 따라서 아이의 마음에 영원토록 남는 엄마 이미지가 아로새겨지게 되기 때문에 이 시기가 매우 중요하다고 할 수 있다. 우리 모두 그러한 발달의 과정을 거쳐 왔고, 안타깝게도 기억할 수는 없지만 아직까지도 내면에 그러한 경험이 녹아들어가 모든 대인 관계와 자녀 양육에도 영향을 미친다.

엄마라는 존재가 아이의 양육 발달에 얼마나 중요한 의미를 가지고 있는지를 생각해보지 않고 겉으로만 아이를 양육하는 방법들에 몰두하면 중요한 것을 놓칠 수도 있다. 한 번도 깊이 있게 자신이 아이에게 어떠한 존재인지를 상기하지 않고 살았던 많은 엄마들은 가치의 혼란과 충돌이 오는 시기가 오면 한계에 부딪히게 된다. 예를 들어 아이가 발달하면서 변화가 생길 때, 사춘기에 접어들 때, 가정환경의 큰 위기가 닥칠 때 등 말이다.

즉, 엄마가 된 초기 2년 정도에 아이에게 있어 엄마가 어떠한 존재인지, 어떠한 역할을 해 주어야 하는지를 이해하는 것은 매우 중요하며, 이것이 앞으로 아이의 심리적인 발달의 초석이 될 수 있다.

상처를 되돌리기 위해서
'좋은 엄마'에 집착한다

그렇다면 왜 좋은 엄마가 되는 것에 그토록 신경을 쓰는 것일까? 그냥 엄마가 되면 안 되는 걸까? 그것은 바로 아이를 마치 자기 자신처럼 여기기 때문이다.

엄마들을 대상으로 한 뇌 영상 연구가 있다. 엄마들에게 자신과 관련된 단어, 아이와 관련된 단어, 남과 관련된 단어를 주고 뇌의 어느 부분이 활성화되는지를 측정하였다. 엄마들이 자신에 대해 생각을 할 때와 남에 대해 생각을 할 때 뇌의 서로 다른 부위를 사용한다는 것을 알아내었다.

자신에 대한 생각을 할 때는 내측 전전두엽(medial prefrontal cortex)이 활성화되고, 남에 대해 생각을 할 때는 배측 전전두엽(dorsolateral prefrontal cortex)이 활성화된다. 그런데 놀라운 사실은 아이를 생각할 때는 바로 자기 자신을 생각할 때 활성화되는 내측 전전두엽이 똑같이 활성화된다는 것이다. 즉, 뇌 연구에서 엄마는 아이를 자신과 똑같이 여긴다는 것을 알 수 있다. 엄마는 자기 자신과 아이를 동일시해서 받아들이게 된다. 그래서 '자식 입에 맛있는 거 들어가면 내 배가 부르다.'라는 말이 뇌과학적으로도 틀리지 않는 말이다.

아이와 나를 똑같이 여기기 때문에 아이의 기쁨이 나의 기쁨이고, 아이의 슬픔이 나의 슬픔이 된다. 아이가 성공하면 내가 성공한 것처럼 행복하고, 아이가 실패하면 내가 실패한 것처럼 좌절하게 된다. 문제는 아이를 나와 동일시하고 아이의 성공과 행복을 나의 것처럼 똑같이 여기는 것은 나쁘지 않지만, 이것이 집착으로 이어지거나 아이의 독립을 저해하게 되는 결과에 이르면 불행의 시작이 된다는 것이다.

어긋난 사랑이 부작용을 낳는 것처럼 좋은 엄마가 되어야만 한다는 당위성과 좋은 엄마가 되고 싶다는 욕심이 마음속에 콤플렉스로 작용하게 되면 그때는 문제가 발생한다. 그렇다면 **좋은 엄마 콤플렉스**는 왜 생기는 것일까?

자신의 상처를 아이를 통해서 되돌리기 위해서 좋은 엄마가 되고 싶어 하는 경우가 있다. 예를 들어 어릴 때 자신이 사랑을 충분히 받지 못했던 경우 자신의 어린 시절을 극복하려는 미해결 과제가 남게 된다.

누군가를 과도하게 잘 챙겨주는 사람은 내면에 자신이 보살핌을 받고 싶은 욕구가 있는 경우가 많다. 이처럼 아이를 잘 챙겨주는 것에 집착하는 엄마는 사실은 자신이 어린 시절 받지 못했던 사랑과 관심을 받고 싶어하는 마음이 크다.

　어린 시절 부모에게 마음의 상처를 받았을 때에도 자녀 양육시에 이런 문제가 불거져 나오기도 한다. 평상시에는 무의식에 깔린 어린 시절의 상처는 잠을 자고 있다. 그러다 일이 잘 안 풀리거나 대인 관계에서 갈등 상황이 생기는 등 위기가 찾아오면 무의식에서 잠자고 있던 상처가 돌연 활동하게 된다. 그래서 평상시 같으면 화를 내지도 않을 일에도 마음이 요동쳐 미친 듯이 화를 내거나 짜증을 부리는 경우가 발생한다.

　친정 엄마로부터 어릴 때 학대를 받고 자란 사람은 자신이 엄마가 되었을 때 아이가 말을 듣지 않거나 조절이 되지 않으면 자신도 모르는 사이에 분노가 치미거나 아이를 때리게 되는 경우가 많다.

　왕따를 당해 힘들었던 경험이 있는 엄마는 동년배 엄마들이 많이 모여 있는 곳에 발을 들여놓기가 겁이 난다. 이유를 알 수 없게 위축이 되고 어쩐지 자신이 없다. 그런데 내 아이가 친구들 앞에서 쭈뼛거리며 자신 없는 모습을 보게 되면 갑자기 화가 나기 시작한다. "그래, 안 되는 걸 어떻게 해, 아이도 충분히 노력은 하고 있지만 안 되는 걸 거야."라고 인정하면서도 공감하고 안타까운 마음이 들기보다는 화가 난다. 아이를 통해 자신의 모습을 보는 것이 다시 상처가 되기 때문이다.

　또 어릴 적 성적 학대나 사고 등 정신적 외상 혹은 신체적으로 크게 다친 경험이 있는 경우라면 아이가 밖에 나가 놀 때 불안하다. 항상 아이에게 무슨 일이 일어날까 두렵고 옆에서 지켜줘야 할 것 같다. 그래서 아이가 어디를 가도 불안하고 항상 아이를 품에 끼고 있게 된다. 그러나 아이는 자라면서 혼자 나가거나 새로운 시도를 하고 싶어 한다. 이렇게 밖으로 나가려는 아이를 보면 엄마는 두 가지 마음이 들게 된다. 처음에는 불안감이 생겨서 저러다 큰일 나면 어쩌나 하는 걱정을 한다. 하지만 시간이 지나면서 아이가 내 마음대로 움직여주지 않을 때는 화가 난다. 특히 아이가 자신감과 독립심이 뛰어나고 자기주장이 강한 아이라면 무의식중에 왠지 질투도 나게 되고 '나는 어릴 적 그렇게 못 했는데, 쟤는 누릴 것을 다 누리고 산다. 그런데 왜 말을 안 듣나!'라며 억울하고 미운 감정이 들게 되는 것이다. 만약 아이가 이런 상황에서 크게 아프거나 다치면 매우 걱정하면서도 한편으로는 설명할 수 없는 안도감도 들고 아이에게 더 잘 해주게 되는 이상한 상황이 발생하게 되는 것이다.

　이렇듯 자신의 상처를 극복하지 못하면 아이에게 좋은 엄마가 되어줘야겠다는 생각이 들지만, 이게 바른 방향으로 나아가지 못하게 된다. 착한 엄마 콤플렉스에 빠지는 대표적인 경우는 어린 시절 학대를 받았거나, 자신의 부모와 불안정한 애착을 형성하는 경우에 생긴다.

사람들은 상처를 잊어버리고 사는 경우가 많다. 누구나 자신의 상처와 아픈 면을 매일 보고 싶어 하지 않는다. 그래서 폭풍같이 힘든 시간이 지나면 카펫 밑으로 쓰레기를 슬그머니 밀어 넣듯이 그때의 기억과 상처를 회피하게 된다. 하지만 마음의 상처는 완전히 사라지지 않고 무의식 속에서 언제나 슬며시 다시 출현할 틈을 노린다. 만사가 평온할 때는 모르지만, 감정이 자극받는 순간이 되면 발목을 붙잡는 유령처럼 다시 나타나게 되는 것이다.

자신이 살아오면서 경험했던 마음의 상처를 극복하기 위해서는 우선 자신에 대해 정확하게 잘 아는 것이 필요하다. 자신을 괴롭게 하거나 화가 나게 하거나 갑자기 우울해지거나 기분 변화가 오게 하는 어떠한 사건이나 상황 또는 사람들의 행동들을 잘 관찰하는 것이 필요하다. 대부분 사람들은 어렵고 힘든 감정들을 회피하거나 무시하고 넘어가고 싶어한다. 직면하는 것이 일시적으로 자존심이 상하거나 마음에 고통을 주기 때문이다. 하지만 내가 어떠한 상처가 있고 이것이 일정한 패턴으로 작용한다는 것을 아는 것만으로도 시작이 반인 셈이 된다. 자신이 어떠한 부분에 어떠한 상처가 있다는 것을 알았으면, 그 이후에는 그것이 잘못된 믿음이라는 것, 항상 인생은 그렇게 흘러가지는 않는다는 것, 그 안 좋았던 사건은 내 인생에 단 한 번 우연히 일어났던 일이라고 생각하고 내게 긍정적인 영향을 주는 증거들을 적극 찾아야 한다.

철수 엄마는 어린 시절에 친정엄마가 돌아가시는 일로 인해 엄마로부터 버림을 받았다고 생각했었다. 항상 자신이 부족한 면이 많은 못난 아이이기 때문에 엄마가 나를 지켜주지 않고 버렸다고 생각했다. 평상시에는 철수 엄마는 별 문제없이 잘 지냈다. 그런데 아이가 자신이 차려준 밥을 먹지 않고 딴짓을 하면 화가 났다. 그 이유는 내가 아이에게 사랑을 보여 주었는데, 그것이 받아들여지지 않았다는 생각이 들어서였다. 아이가 나를 사랑하지 않는 것이고 나는 결국 아이한테조차 인정을 못 받는 사람이라는 잘못된 믿음이 자신도 모르게 떠오르기 때문이었다.

해결되지 않은 마음의 깊은 상처는 정리하지 않은 카펫 밑의 쓰레기 같아서 자세히 살펴봐 주고 보듬어 이해해주어야 사라지게 된다. 그래서 자신을 온전하게 이해하고 해결할 수 있도록 지속해서 카펫 밑을 들춰보고 청소해주는 것이 필요하다. 자신을 잘 관찰하고 문제점을 제대로 살펴보고 부족한 면을 겸손하게 갈고 닦는 것이 필요하다. 나를 객관적으로 바라볼 수 있도록 주기적으로 상담을 받는 것도 그런 의미에서 중요하다.

내가 못 다한 것을 하기 위해서 '좋은 엄마'에 집착한다

좋은 엄마 콤플렉스에 빠지게 되는 이유 중의 하나가 바로 보상 과제이다. 내가 못다 이룬 것을 이루고 싶다는 소망이 아이에게 투사된 것이다.

무언가를 성취하고 싶었던 것을 아이를 통해 이루고자 하는 보상 심리가 작용하기도 하지만, 심리적인 측면에서의 소망이 작용하기도 한다. 인정받고 싶다는 욕구를 아이를 통해서 이루고 싶어 하는 일도 있다. 아이가 뒤처지면 불안하고, 아이가 남들에게 인정받지 못하면 내가 부족한 것 같은 생각이 든다. 만족스럽지 않았던 인생을 다시 새로 시작하는 기회를 잡은 것처럼 우리 아이를 통해서 내가 못 했던 것을 채우고자 하는 것이 좋은 엄마가 되기 위해 몸부림치게 되는 동력으로 작용하는 것이다. 그래서 아이에게 이것저것 시키고 채근을 하게 된다.

그런데 '팥 심은 데 팥 나고, 콩 심은 데 콩 난다.'는 말처럼 내가 못하는 것은 내 아이도 못하는 경우가 많다. 어떤 엄마는 자신이 집중을 못 하고 산만하면서도 아이가 산만하다고 하면 기분 나빠한다. 자신도 집중을 못 하고 공부에 취미가 없었음에도 아이는 공부에 집중하고 매진하기를 심하게 요구한다. 아이가 외우는 것을 잘 못하면 못 견디고 화를 낸다. 아이의 적성이나 능력을 객관적으로 바라보고 아이의 속도에 맞게 도와주는 것이 필요한데 객관적으로 바라보지 못하고 지나친 기대를 하는 것은 욕심이다.

설령 이렇게 나의 소망을 적극 아이에게 투사하여 성과를 이루었다 할지라도 부작용이 있는 경우가 적지 않다. 성공 후 우울증처럼 오히려 엄마는 허무함이나 우울감을 느끼기도 한다. 아이와의 관계가 소원해지거나 아이 자체가 자발적인 욕구가 없어 이후에 오히려 실패하는 경우가 생긴다.

아이와 나를 독립적으로 적절하게 분리하지 못하는 미성숙한 엄마들에게서 이러한 경향이 많이 나타난다. 나의 과제가 아이의 과제가 되고, 나의 목표가 아이의 목표가 되는 것이다. 앞에서 살펴본 연구 결과처럼 모든 엄마에게 어느 정도는 이러한 경향이 있을 수 있지만, 독립적이지 못하고 미성숙한 엄마에게서는 정도가 심하게 나타난다.

이런 엄마는 친정 엄마와의 관계에서의 문제가 있었던 경우가 많다. 친정 엄마에게서 충분히 이해받지 못했다고 여기거나 친정 엄마가 너무 차가운 경우에 그렇다. 영원히 마음속에 공허감과 외로움을 느끼며 누군가와 가까워지기를 소망하지만, 가까워지면 두려워져 피하는 그러한 심리상태를 보이기도 한다.

영희 엄마는 자신이 어린 시절 공부를 충분히 하지 못하였다고 생각했다. 그래서 자신의 아이에게는 공부를 유난히 강조하게 되었다. 학교 성적이 떨어지면 신경이 쓰이고 엄마랑 집에서 푼 문제를 틀려오면 아이에게 화가 났다. 결국 학업 스트레스가 심해진 영희가 소아 우울증을 앓게 되자 그제야 영희 엄마는 자신의 문제를 알게 되었다. 그토록 학교 성적과 공부에 집착했던 원인이 자신이 과거에 하지 못했던 것을 아이를 통해 보상받고 싶었다는 것을 알게 된 것이다. 영희 엄마는 자신의 부족한 부분, 채우고 싶어하는 부분, 보상받고 싶어하는 부분을 영희에게서 받으려 하지 말고 자신이 가지고 있는 다른 재능들을 발굴하고, 관심과 노력을 다른 방면으로 기울이도록 하였다. 즉, 자기 계발과 자아실현을 아이를 통해서가 아니고 자기 자신을 통해서 하기로 마음을 먹고 하나씩 실천하자 아이에게 가졌던 집착이 감소하는 것을 느낄 수 있었다.

아이와의 분리를 어려워하는 엄마는 나중에 아이를 제대로 독립시키기 어렵다. 독립을 시키고 나서도 외로움과 허무함에 좌절을 느끼게 된다. 좋은 엄마가 되기 위해 애쓰고 노력하는 것들이 결과적으로는 아이를 망치거나 안 좋은 영향을 주는 나쁜 엄마가 되어 버리는 길이 될 수도 있다.

에리히 프롬이 『사랑의 기술』에서 한 말을 곱씹어 볼 필요가 있다. "사랑하는 어머니인가 아닌가를 가려내는 시금석은 분리를 견디어 낼 수 있는가 분리된 다음에도 계속 사랑할 수 있는가 하는 것이다." 아마도 좋은 엄마인지 아닌지를 가려내는 것도 똑같을 것이다.

Chapter 2

'나쁜 엄마'가 되어 버리는 '좋은 엄마' 콤플렉스

정신분석학자 에릭슨(Erik H.Erikson)은 부모의 양육태도가 아이의 성격발달에 영향을 준다는 점을 발견했다. 부모가 아이의 입장을 어떻게 수용하고 반응해주느냐, 아이의 요구 사항을 어떤 방식으로 잘 통제하느냐가 아이의 성격을 결정짓는다고 하였다.

발달심리학자인 다이애나 바움린드(Diana Baumrind)는 이러한 에릭슨의 이론을 발전시켜 부모의 4가지 양육태도에 따른 아이의 특징을 구분했다. 부모가 아이의 입장을 얼마나 잘 수용하고 반응해주는지는 [수용 반응성]으로, 아이의 요구 사항을 어떤 방식으로 통제하느냐는 [요구통제의 정도]로 나누어 그 정도에 따라 부모의 4가지 양육 패턴을 분류하였다.

첫 번째는 아이의 요구를 잘 들어주지 않고 감시와 통제가 많은 독재적 양육(Authoritarian Parenting)이다. 부모가 정한대로 하도록 아이를 강요하고, 아이가 따르지 않으면 강압적인 방법으로 벌을 준다. 엄격하고 아이를 잘 믿지 않는 부모, 혹은 자신이 그런 가정환경 내에서 자란 부모가 이런 형태를 쉽게 보이는데, 이런 부모는 아이의 마음상태를 잘 읽지 못하고 이해해주지 않아 아이의 의견은 묵살하거나 무시하는 경우가 많다. 아이가 자신의 뜻대로 따르지 않을 때에는 화를 내거나 처벌을 하며 실수를 용납하지 않는 경우가 많다. 독재적 양육 환경에서 자란 아이는 대개 위축이 되어 있고 자신감이 부족한 경우가 많다. 새로운 일을 시도하는 것을 두

표1 부모의 4가지 양육 형태

수용 반응성	요구 통제	부모의 특징	양육형태	아이의 특징
낮음 (↙↘)	높음 (↗↗)	아이의 요구를 무시하고 엄격하고 강압적으로 통제한다.	독재적양육	우울해 보이며, 눈치를 보며 위축되어 있다. 매사에 의욕이 없고 자신감이 부족하다. 동생이나 동물에게 분노를 표출하기도 하고, 사춘기가 되면 반항감이 심해지기도 한다.
높음 (↗)	높음 (↗)	아이의 요구를 잘 들어주되 합리적이고 민주적인 방법으로 결정한다. 그러면서도 아이가 도를 넘으면 한계를 설정할 줄 안다.	좋은 의미의 권위적양육	아이는 합리적이고 다른 사람의 의견을 잘 받아들일 줄 안다. 당장 갖고 싶은 게 있어도 참을 수 있으며, 정서적으로 안정되어 있다.
높음 (↗↗)	낮음 (↙↙)	아이의 요구를 모두 들어주고, 도를 넘어도 한계를 설정하지 못하고 허용하게 된다.	허용적양육	아이는 참을성이 부족하고 충동적이 된다. 절제력이나 자기통제력이 저하되고 다른 사람의 입장이나 요구사항을 받아들이고 타협하는 능력이 부족하다.
낮음 (↙↙)	낮음 (↙↙)	아이의 요구에도 무관심하여 반응을 잘 보이지 않고 아이가 도를 넘어도 혼내거나 훈육 없이 무관심하다.	방임적양육	아이는 자기중심적이고 이기적인 성향을 보인다. 남을 잘 배려하지 않으며, 거칠다. 규칙이나 규범을 잘 위반하고 공격적이고 반항적인 모습을 보인다.

※ 화살표 하나: 적절함, 화살표 둘: 지나침

려워하고 쉽게 긴장을 하고 남의 눈치를 지나치게 본다. 의욕이 없는 경우가 많고 마음이 답답하다는 이야기를 많이 한다. 사춘기가 되면 그동안 참았던 것들이 폭발하면서 반항을 하거나 공격적인 성향이 나타나기도 한다.

두 번째는 아이의 요구를 잘 들어주고 그때그때 적절한 관심을 가지고 반응을 보여주지만, 도를 넘는 경우나 규칙을 어길 때에는 한계를 설정해주고 책임을 지게 하는 권위적 양육(Authoritative Parenting)이다. 부모가 통제권을 가지고 아이를 훈육하지만, 아이의 요구나 마음을 인정해주고 대화를 통해 해결점을 찾으려는 시도를 많이 한다. 부모는 아이에게 규칙을 정해주지만 미리 그 이유를 설명해주어 아이가 이해할 수 있도록 도와준다. 아이의 마음 상태나 의견을 무시하지 않고 존중해주는 태도를 지니고 있다. 이 방법은 가장 바람직한 양육방법으로 아이가 부모의 말을 잘 따르면서도 안정된 정서를 가지는 경우가 많다. 이러한 양육을 받으며 자란 아이들은 합리적이고 수용적인 태도를 보이게 되어 대인 관계도 원만하고, 참을성이 있고 규칙을 잘 지킨다.

세 번째는 아이의 요구를 전적으로 수용하고 도를 넘어도 이를 통제하지 못하는 허용적 양육(Permissive Parenting)이다. 이러한 양육방법을 사용하는 부모는 아이가 떼를 쓰거나 화를 내면 다 들어주는 경우가 많아 아이는 자신의 감정과 충동을 자기 멋대로 표현하게 된다. 아이가 지나친 감정 표현이나 과잉행동을 할 때 정확하게 통제하는 방법을 모르고, 일관성이 없이 허용해주거나 아이에게 끌려가는 경우가 많아 아이는 부모의 머리 꼭대기에 있으며 전혀 통제가 되지 않는다. 자기중심적이고 충동적이어서 남을 배려하는 모습이 부족하면서도 독립심이 낮고 의존적인 면을 동시에 가져 자기가 원하는 걸 "해내라."고 막무가내로 요구하는 경우가 많다. 자라면서 대인 관계에서의 문제가 생기고 성취감이나 자존감도 낮아지게 되며 짜증과 불만이 많아지는 등 정서적으로 불안정한 모습을 보인다.

네 번째는 아이의 요구에 반응하지 않으면서 아이의 문제행동도 통제하지 않는 방임적 양육(Uninvolved Parenting)이다. 아이에게 관심이 없거나 아이를 심리적으로 거부하는 경우 혹은 부모 자신의 문제가 너무 커서 아이에게 투자할 시간과 에너지가 없는 경우이다. 이러한 부모는 아이에게 어떠한 요구나 지시도 하지 않는다. 간헐적으로 부모 자신이 아이 때문에 방해를 받거나 성가신 경우에는 아이가 보이는 문제 행동을 혼내지만, 아이를 방치하거나 무관심한 경우가 대부분이다. 이러한 양육을 받은 아이는 3세 정도의 나이부터 짜증을 자주 내고 떼가 심하며 자해를 하거나 누군가를 때리고 물건을 던지는 등의 공격성이 높은 경우가 많다. 또한, 학습에 대한 흥미가 부족하고 적절한 대인 관계를 갖기 어려우며, 사춘기가 되면 비행을 일삼거나 반항적인 모습을 보이는 경우가 많다.

부모의 양육 방식은 유아기에서부터 학령기 및 청소년기까지 아이에게 지속적으로 영향을 미친다. 부모가 어떠한 방식으로 양육을 하느냐에 따라 아이의 인지능력과 성취동기, 사교성 등 성격의 다양한 부분에서 영향을 받는다. 우리는 아이에게 가장 좋은 것만 해주고 싶은 마음에서 '좋은 엄마'가 되기 위해 노력하지만, 내가 어떠한 양육방법을 쓰고 있는지를 잘 모른다면 결국 아이에게 악영향을 미치는 '나쁜 엄마'가 될 수도 있다.

다음에 기술될 8가지 콤플렉스에 빠진 엄마들도 사실은 '좋은 엄마'가 되고 싶었지만, 결국에는 '나쁜 엄마'가 되어 버린다. 8가지 '좋은 엄마' 콤플렉스는 우리가 주변에서 흔히 볼 수 있는 대표적인 유형들이다. 바움린드의 4가지 양육패턴이 엄마들의 양육패턴을 이론적으로 분류하여 놓은 것이라면, 8가지 '좋은 엄마' 콤플렉스는 이 패턴들이 수용성이나 통제성의 강약에 따라, 혹은 서로 섞여서 이루어지는 구체적인 사례라고 볼 수 있다. 이 책을 읽는 엄마들이 보기에 자신이 해당되는 부분이 분명히 있을 것이다. 어느 누구도 다음의 8가지 유형에서 완벽하게 자유롭지는 못하다. 하지만 유형을 앎으로써 나의 문제를 파악하고 아이를 양육하는 데 도움이 된다면 그것만큼 좋은 일은 없을 것이다.

COMPLEX I

'헤밍웨이' 콤플렉스
: 독재적 양육을 하는 엄마

+유형 사례+

초등학교 6학년인 훈이 엄마는 아이의 일거수일투족이 마음에 안 든다. 아이가 매번 실내화 주머니를 놓고 가는 것도 짜증이 나고, 숙제를 봐 줄 때는 글씨가 바르지 않은 것도 화가 난다. "조금만 신경을 쓰면 될 것을 한두 번 말했어야죠"라며 엄마는 훈이를 이해하지 못하겠다고 말한다. 엄마는 자신만의 기준으로 아이에게 원하는 바를 전달하고, 아이가 따라오지 못했을 때는 화가 난다. 엄마는 실내화를 단정히 신고 교실에 앉아야 수업이 바르게 된다고 생각한다. 글씨도 바르게 써야 집중이 잘 된다고 생각한다. 훈이는 어릴 적에는 엄마가 하라는 대로 해왔지만, 초등학교 고학년이 되면서부터는 반항을 하거나 짜증을 내고, 일부러 엄마가 싫어하는 짓만 골라서 하는 경우도 생겼다. 엄마는 자신이 아이를 위해서 하라고 하는 것이고, 자신이 주장하는 것이 나쁘지 않은 건데 왜 아이가 따라주지 못하는지 도저히 이해를 못 하겠다고 한다. 그리고 상담하러 가는 곳마다 엄마에게 잘못을 고치라고 하는 것에 오히려 답답하고 짜증이 나 있는 상태였다.

헤밍웨이는 '무기여 잘 있거라', '누구를 위하여 종은 울리나.' 등을 쓰고 '노인과 바다'로 노벨 문학상을 받은 20세기 최고의 작가이다. 어머니와의 관계는 헤밍웨이의 삶에 지속적으로 영향을 미쳤는데, 헤밍웨이는 어머니와의 관계가 매우 좋지 않아서, 헤밍웨이가 결혼생활에 실패하고 62세 때 권총 자살을 한 것이 그의 어머니 때문이라는 설이 있을 정도였다.

헤밍웨이의 아버지는 의사였고, 어머니는 음악 선생님이었다. 헤밍웨이의 어머니는 결혼할 때 집안일을 전혀 하지 않는다는 조건을 걸고 결혼을 했다.

헤밍웨이의 어머니는 "엄마의 기대에 부응해서 부끄럽지 않은 자식이 되도록 출세해야 한다."면서 자녀에게 사회적인 성공을 강조하며 지나치게 간섭했다고 한다. 그리고는 자녀가 자신의 기대에 어긋나면 심하게 비난하였다.

헤밍웨이는 어머니에게 반항하려고 야채를 안 먹다가 매를 맞기도 하고, 가출도 시도했다고 한다. 아버지도 권총 자살을 했는데 헤밍웨이는 이것이 어머니 때문이라고 생각하였다. 어머니는 헤밍웨이의 생일에 케이크와 함께 아버지가 자살한 권총을 보내어 결국 헤밍웨이로 하여금 모자 관계를 완전히 끊게 하였다. 어머니에 대한 증오심 때문에 헤밍웨이는 화려한 여성 편력을 보이면서도 여성과 가까워지는 것을 두려워했다. 헤밍웨이는 성격이 강한 여자를 싫어했고, 부인이 간섭하면 바로 이혼을 하여 결혼을 4번이나 하기도 하였다.

　보통 아들이 어머니를 좋아하는 것을 '오이디푸스 콤플렉스'라고 부르는 것과 반대로 아들이 어머니를 증오하는 것을 '헤밍웨이 콤플렉스(Hemingway Complex)'라고 말한다. 한 개인으로만 보자면 헤밍웨이의 어머니는 똑똑하고 교양이 풍부하고 아이가 성공하기를 기대했던 어머니였다. 그러나 아이의 입장을 들어주지 않고 융통성이 없이 지나치게 완고하고 융통성이 없고 자신이 옳다고 생각하는 것만을 아이에게 강요하고 지속적으로 잔소리를 했던 독재적인 양육방식이 문제였다.

　헤밍웨이의 어머니처럼 독재적인 양육 방식 아래 자란 아이는 항상 억눌려있다는 느낌에 쉽게 침울해지며, 사람들에게 불친절하고 사람을 쉽게 믿지 못하는 경우가 많다. 결국에는 자녀의 인생에 큰 불행을 안겨주게 되는 것이다.

　헤밍웨이의 어머니와 같은 엄마들은 매우 똑똑하고 세련되었지만, 어딘가 감정이 없고 거리감이 느껴지는 경우가 많다. 아이의 마음을 이해하는 것이 부족하고, 남의 입장을 배려하는 태도가 부족하며, 타인에 대한 깊은 공감이나 연민 의식이 잘 개발되지 못한 사람이 많다. 융통성이 없고, 완고하고 자기가 세운 원리 원칙대로 하기를 바란다.

　이런 엄마 밑에서 자란 아이들은 항상 억눌려 있다는 느낌을 가지고 살기 쉽다. 쇠사슬로 묶어 놓은 것도 아닌데 집에 있으면 답답한 마음이 든다.

　이러한 스타일의 엄마는 아이에게 따뜻하고 수용적으로 대해주고, 아이에게 지시를 하기 전에 설명하고 납득시키고 동기를 가지게끔 배려하는 관심을 보이는 것이 중요하다. 아이를 통제하는 방식도 임의적이거나 명령조가 아니라, 아이가 현실적으로 성취할 수 있는 기준을 세우고 자녀에게 이런 기대를 따르는 최선의 방법을 선택할 자유와 자율성을 허용하는 것이 필요하다.

　훈이 엄마는 처음에는 훈이가 문제라고 생각하고 내원하였다. 엄마가 면담시간마다 입에 달고 있는 말은 "쟤는 정말 왜 저러는지 모르겠어요. 도대체 이해가 안 가요."라는 말이었다.

　엄마는 훈이의 문제점들을 몇 시간 동안 계속 이야기하였고, 수차례 면담을 할 때마다 아이의 문제점에 대해서 불평불만을 늘어놓았다.

　그러다가 아이가 실내화를 제대로 안 신고 공부를 하게 되면 뭐가 문제가 되는지, 어떤 일이 일어나는지를 물어보자 "엄마는 처음에는 "실내화를 제대로 안 신는다는 것은 정신이 바르지 못하다는 것이다."라는 주장을 계속했지만, 결국 그것이 자신의 논리라는 것을 깨닫게 되었다. 그러면서 엄마는 왜 그러한 생각을 가지게 되었는지를 곰곰이 생각하게 되었다. "왜 나는 '똑바로 정리를 하지 않으면 정신이 산만해서 아무것도 못 한다.'라는 사고를 진리인 것으로 믿고 살고 있을까?" 지금껏 너무도 그냥 당연하다고 생각했지만 남들 모두가 그러한 생각을 가지는 것은 아니고, 또 반대의 경우도 많이 있을 수 있다는 반대 증거와 사고의 유연성을 면담시간에 수 시간 듣자 엄마의 사고에 변화가 오기 시작했다. 지금까지 너무나 당연한 생각이라고 여겼던 것이 그렇지 않을 것이라고 생각한 것만으로도 엄마에게는 큰 변화였다.

 엄마는 자신이 주장하던 생각의 당위성에 의심을 하기 시작하면서, 그 유래가 궁금해지기 시작했다. 그것은 더 어린 시절로 거슬러 올라가야 했다. 엄마는 자신이 어린 시절 친정엄마에게서 늘 정리정돈을 강박적으로 하라는 얘기를 들었던 것을 기억해냈다. "그 시절에는 너무나 엄마가 무서웠어요. 우리 엄마는 굉장히 엄하고 단호했어요. 엄마는 실수를 용납하지 않는 편이었고, 내가 뭘 실수하거나 잘못하거나 하면 불같이 화를 내고 용서를 하지 않았어요. 나는 항상 엄마가 화를 내는지, 아닌지를 신경을 쓰게 되었고, 어느 순간에는 아마도 엄마의 의견이 내 의견인 것처럼 생각하게 되었던 것 같아요." 훈이 엄마는 자신이 매우 완고하고 엄격한 기준으로 아이를 대하고 있음을 알게 되었는데 그 이유가 바로 자신의 엄마가 자신에게 그렇게 대했던 것의 반복이었다는 것을 알고 나서 충격을 받았다. 지금껏 자신의 그렇다고 믿고 이야기했던 것들, 훈이에게 강요했던 것들이 자신의 친정엄마의 메시지였다는 것을 알고 말이다.

훈이 엄마는 자신의 성격처럼 굳어진 이러한 사고 방식과 훈이에게 대하는 태도를 어떻게 하면 바꿀 수 있는지 고민하기 시작했다.

우선 엄마는 자신의 행동과 말이 아이에게 어떻게 비추어지는지에 대해서 잘 알지 못했다. 자신이 생각할 때는 별로 화내거나 심하게 하지 않았다고 생각했는데, 아이의 반응을 보거나 또 남편이 항상 너무 잔소리가 많고 자기 생각만 한다고 지적을 할 때에는, 엄마 본인도 고치고는 싶지만, 자신의 모습을 잘 보지 못한다는 것을 알게 되었다고 했다.

엄마에게 우선 녹음기를 준비하도록 했다. 엄마가 아이와 작정하고 이야기를 나누는 시간을 하루에 10분 정도 정기적으로 갖기로 하고, 그 시간 동안 아이와 함께 이야기 하는 것을 녹음해서 다시 들어보기로 했다.

엄마는 처음에는 자신의 목소리를 듣는 것을 매우 거북해하고 부끄러워했지만, 곧 자신의 말투가 굉장히 차갑고 강압적으로 느껴진다는 사실에 더욱 충격을 받았다. 마치 어린 시절 친정엄마의 말투를 듣고 스트레스를 받았던 것이 생각날 정도로 자신의 말투가 친정엄마의 말투와 닮아 있었던 것이다.

훈이 엄마는 자신의 대화 하는 목소리와 말투를 녹음기를 듣고 조금씩 고쳐나가기로 했다.

그리고 지금까지 너무나 지나치게 생각하고 있었던 부분을 조금씩 고쳐나가기로 했다.

　훈이 엄마는 자신의 문제를 파악하기 위해 개인 상담을 받았다. 처음에는 자신이 어떠한 심리를 가지고, 아이에게 어떻게 하는지를 전혀 몰랐지만, 상담이 진행될수록 조금씩 마음을 열고 이해하게 되었다. 훈이 엄마에게 필요한 것은 자신을 돌아볼 수 있는 거울과 녹음기였다. 거울로 훈이에게 지시를 할 때의 표정을 살펴보고, 녹음기로 자신의 목소리를 들어보아 자신의 문제점을 하나씩 개선해 나가기 시작하면서 내면에서도 변화가 오기 시작했다. 아직도 훈이 엄마는 양보하지 못하는 것이 있다. 바로 밥 먹을 때 식탁에 밥풀 등을 묻히는 것이다. 이럴 때 화가 치밀면 훈이 엄마는 연습한 대로 식탁을 보지 않고 훈이에게 최대한 차분하게 이야기한다. "엄마는 식탁이 깨끗하기를 바래. 엄마가 10분 동안 화장실에 다녀오면 이 부분이 깨끗해졌으면 좋겠구나."라고 말이다. 현재 훈이네 가정은 예전에 비해 참고 인정해주고 수용해줄 수 있는 유연한 공간이 되었다.

COMPLEX II

라푼젤의 마녀엄마 '고델' 콤플렉스
: 품에서 놓지를 못하는 엄마

✚ 유형 사례 ✚

중학교 3학년인 상남이는 어릴 때부터 각종 경시대회에서 상을 휩쓸고 다녔다. 엄마는 상남이의 모든 것을 챙겨주고 불편함이 없도록 옷 입는 것부터 먹는 것을 결정하는 것까지 사소한 것들을 챙겨주었다. 심지어 어떤 친구와 놀지 어디서 놀지도 모두 엄마가 조언해 주었다. 상남이는 하루 일정을 엄마에게 맡긴 채 학교와 학원도 엄마가 차로 통학을 시켜주었으며, 엄마는 일일이 과제며 스케즐 등을 짜주었다.

  그런데 중학교에 들어가면서부터 엄마는 고민이 시작되었다. 다른 아이들에 비해 상남이가 혼자서 할 수 있는 일이 없고, 엄마에게 다 의지한다는 것이었다. 공부도 곧잘 했었는데, 점점 의욕도 떨어지는 것 같고 자신감이 없이 위축되는 모습을 보면 속상할 때가 많았다. 그래도 엄마가 해주는 것이 가장 안전하고 안심이 되기 때문에 또 대신해주는 일이 반복되었는데, 중학교 3학년이 되어서는 상남이가 아예 공부도 안 하려고 하고 밤늦도록 컴퓨터 게임만 하는 모습이 늘어나자 엄마는 초조해지기 시작했다.

"엄마가 다 해줄게, 바깥세상은 얼마나 위험한지 몰라, 너는 항상 엄마 품에서 있어야 해!"

디즈니 애니메이션 라푼젤 속의 고델은 라푼젤을 탑 속에 가둬두고 밖으로 나가지 못하게 한다. 고델은 다른 사람에게 라푼젤을 빼앗기지 않고 자기 옆에 영원히 두고 싶어했다. 물론 고델은 라푼젤 자체보다는 라푼젤 머리카락의 마법적인 힘을 더 귀하게 여겼지만 말이다. 그러나 고델의 마음은 일부분 엄마의 마음을 대변해 주고, 고델의 노래는 일부분 우리의 마음을 움직이게 한다. "내가 제일 사랑해."라고 너무도 다정하게 말하고 구하기 어려운 생일선물을 사주기 위해 3일간의 여행을 떠나는 고델의 모습을 보면 자식을 위하는 엄마의 마음이 느껴질 정도니까 말이다.

어쨌든 라푼젤을 18년 동안이나 예쁘고 똑똑하고, 게다가 호기심과 모험심이 가득하게 키운 엄마라면, 사실은 할 수 있는 한 좋은 엄마의 역할을 해 줬던 것이다. 18년 동안 엄마 이외에는 아무도 볼 수 없는 아이가 책도 읽고 노래도 부르고 세상에 대한 감수성과 사회성도 유지할 수 있다는 것은 어쨋든 대단한 일이다.

고델은 자신이 좋은 엄마라고 생각을 했을 테지만, 사실은 아니었다. "엄마는 다 알아."라고 하면서 내가 가진 지식과 경험을 아이에게 주입하고, "세상은 무서운 곳이라서 엄마가 다 해 주어야 한다."는 편견을 아이에게 심어주었기 때문이다. 아이가 떠나려고 하면 불안감을 쉽게 느끼는 엄마가 이 부류에 속한다고 볼 수도 있다. 아이가 커서 뭐든지 혼자 할 수 있으면 불안해진다. 어릴 적 자신의 엄마가 떠날까 봐 불안했던 것처럼 내 소중한 아이가 나를 떠날까 봐 무의식적인 불안감을 느끼게 되는 것이다. 그래서 자기도 모르게 아이의 일을 대신 해준다. 엄마가 해 줄수록 아이는 엄마에게 의지하게 되고 엄마 옆에 계속 있을 수밖에 없게 된다.

  아이가 커서도 먹을 것, 입을 것 하나하나 다 일일이 챙겨주어야 좋은 엄마라고 생각하는 엄마들은 어쩌면 이러한 고델 콤플렉스(Gothel Complex)가 있을 수 있다. 유명 놀이공원에 가면 아이들이 공을 모아 대포를 쏘는 기구가 있다. 한참을 살펴보면 엄마가 대신해서 공을 모아다가 아이에게 갖다 바치고 아이는 엄마가 공을 주어다가 줄 때까지 기다리는 경우가 상당히 많다. 엄마들은 하나라도 더 많은 공을 가져다주어 아이가 대포 쏘는 기회를 더 많이 얻게 하려고 열심히 공을 주어다 준다. 그러한 모습을 보면 씁쓸함을 감출 수 없다. 아이의 독립성을 저해하는 행동을 하면서 이렇게 하는 것이 좋은 엄마가 되는 길인 줄 아는 경우가 많다.

  자기 힘으로 하는 것을 강조하는 것이 아이의 성취동기 발달에 긍정적인 도움을 준다. 2세 아동을 대상으로 한 연구에서는 아이 스스로 도전을 성공적으로 숙달하게 했더니, 3세가 되었을 때 이 아이들이 성취동기가 높고 동기화가 잘 되었다고 한다. 부모가 대신해주거나 직접적인 지시를 해 주는 경우는 도움이 되지 않는다.

  아이들은 약간의 도움이 되는 힌트를 받되 스스로 할 때 능력을 최고조로 발휘하고 높은 목표에 도달한다. 그러나 부모가 지나치게 직접적인 지시를 하지 않는 것이 중요한데, 그것은 어려움을 극복하고 도전에 성공하는 사람이 바로 아이 자신이라는 느낌을 갖는 것이 매우 중요하기 때문이다.

상남이 엄마는 처음 면담에 와서는 상남이를 내버려두라는 이야기에 동의를 하지 못했다. 도저히 불안해서 그렇게 못 하겠다는 것이다. "컸다고는 해도 아직 애고 혼자 일 처리를 하라고 내버려두면 잘 못하기도 하고, 내가 도와주면 훨씬 수월하게 할 수도 있어서 도저히 어떻게 불안해서 내버려두냐."고 했다. 상남이의 엄마가 왜 상남이를 내버려두지 못하고 항상 조마조마하고 불안하며 안절부절못하는 기분을 갖게 되었을까에 대해서 생각해보도록 했다. 엄마는 "원래부터 그런 거지 뭐 다른 이유가 있겠냐, 다른 엄마들도 다 똑같지 않느냐"고 이야기했지만, 결국 곰곰이 자신의 문제에 대해서 고민해보았다.

엄마는 너무나 외로웠고, 혼자 될까 봐 두려웠다. "사실 어릴 때부터 생각해보면 상남이가 소파에서 떨어진 적이 있었어요. 그때 아랫입술이 찢어지면서 상처가 났었는데, 상남이가 자지러지게 울면서 피를 흘리는 모습을 보니 정신이 없어지더라고요. 나 때문에 상남이가 다쳤다는 자책을 많이 했었고요. 평상시에도 시장 같은 데를 가면 상남이 손을 꼭 붙잡고 있다가 잠시 물건 사느라고 놓게 되면 바로 화들짝 놀라서 상남이를 찾게 되었어요. 혹시 상남이가 다른 데로 가거나 유괴당하면 어떻게 하나 걱정이 되거든요. 요즘을 덜 한데 상남이 어릴 적에는 꿈에서 상남이를 잃어버리거나 상남이가 사고로 크게 다쳐서 죽는 악몽도 많이 꿨어요." 엄마는 상남이가 다치거나 병에 걸려서 죽어나 혹은 유괴나 길을 잃어 영영 상남이를 못 보면 어떻게 하나 하는 근원적인 불안감을 오래전부터 가지고 있었던 것이다.

엄마는 너무나 외로웠다. 엄마의 일생을 살펴보면 친정엄마도 일찍 돌아가시고, 결혼해서도 남편이 살뜰하게 챙겨주지 못하여 늘 상남이를 바라보면서 살게 되었고, 늘 외롭다고 느끼고 있었다. 마음속에 한곳이 뻥 뚫린 것 같은 공허감과 열심히 상남이 뒷바라지를 하고 집에 돌아와서 소파에 혼자 우두커니 앉아 빨래를 개키고 있으면 이게 뭔가 하는 허탈감에 괜히 눈물이 나는 경우가 많았다. 엄마는 자신이 정말 사랑하는 상남이를 잃고 다시 혼자라는 외로움이 엄습할까 봐 두려웠던 것이다. 상남이 이외에는 다른 곳에서 자신의 가치를 찾고, 재미를 느끼고 다른 사람들과 함께 교류하고 사랑받고 인정받는다는 온전한 느낌을 갖지 못하였기 때문에 오는 외로움이 컸다는 것이다.

엄마는 상남이에게 자신이 이렇게 하는 것이 상남이를 생각하고 사랑하는 최선의 길이었다고 생각하고 있었지만, 오랜 기간 숙고하고 상담한 결과 이렇게 하는 것은 자신이 다시 외롭게 될까 봐 불안해했던 마음의 또다른 표현이라는 것을 인식하게 된 것이다.

엄마는 이제 상남이에 대해서는 여유를 가지기로 했다. 상남이의 인생은 하늘에 맡기고, 하늘이 알아서 잘 해주실 거라고 믿기로 했다. 불안해서 견딜 수 없었던 그동안의 생각을 전환시키고 '부족한 내 능력보다는 훨씬 능력이 많은 하늘의 절대자가 상남이를 지켜주겠지, 내가 할 일은 상남이가 잘 되고 좋은 방향으로 가도록 기도하고 응원해주는 일이다.'라는 마음을 먹기로 하였다.

그리고 상남이의 문제만을 생각하며 하루종일 상남이만을 생각하기 때문에 더욱 집착하게 되었던 것을 이제 엄마도 자신의 능력을 살려 간단히 일을 할 수 있는 것을 찾아보기로 했다. 상남이 엄마는 영문학을 전공하였기 때문에 번역사의 일을 해보기로 했다. 상남이 엄마가 일에 몰두하고 외부 생활을 하면서 다른 사람들과의 교류가 많아지자 점점 상남이에 대해서 하루종일 생각하고 염려하던 마음이 줄어들게 되었다. 엄마는 하나하나를 다 챙겨주는 매니저와 같은 역할이 아니라 이제 전체를 총괄하고 모니터하고 조언하는 감독의 역할로 돌아가게 되었고, 엄마도 마음이 훨씬 여유롭고 충만한 느낌을 갖게 되었다.

상남 엄마는 그동안 자신이 아이의 모든 것을 간섭하고 해주는 것이 오히려 아이의 의욕저하를 조장했다는 것을 알게 되었다. 엄마가 상남이를 그렇게 품에 안고 매달리게 되었던 것도 사실은 엄마가 자신이 없고, 외로움을 잘 타며 헤어지는 것에 대한 두려움을 많이 느꼈기 때문이라는 것을 깨달았다. 엄마 자신의 문제 때문에 상남이의 발전을 저해했다는 생각을 하자, 상남 엄마는 초반에는 많이 자책하였지만, 점차 안정되어 가기 시작했다. 아이가 크면 자신을 떠나야 한다는 것을 인정하고, 상남이가 부족해도 스스로 모든 것을 할 수 있도록 도와주었다. 또한, 상남이와 매일 10분씩이라도 하루 생활에 관해 이야기를 나누는 시간을 가지고 혼내거나 비판하는 것이 아니라 허심탄회하게 상남이의 감정을 표현할 수 있도록 노트를 만들어 교환하기로 하였다. 또한, 상남이가 자율적으로 선택할 기회를 좀 더 많이 갖기로 했고, 엄마는 컴퓨터 시간을 점검하는 것과 아침에 일어나 30분씩 공부하고 가는 것 이외에는 간섭과 지시를 하지 않기로 하였다. 엄마가 상남이를 품에서 놓기 시작하자 오히려 상남이가 조금씩 자신감을 느끼고 스스로 무언가를 새롭게 시도해 보고자 하는 의욕이 생기기 시작하였다.

COMPLEX Ⅲ

'황새 쫓는 뱁새 엄마' 콤플렉스
: 열등의식에 시달리는 엄마

＋유형 사례＋

만 3세인 해인이 엄마는 옆집 엄마가 부럽다. 옆집 엄마는 아이한테 좋다는 것은 다 해주는 것 같아서다. 장난감이나 교육용 교재도 최고급으로 사주고, 옷도 아주 예쁘고 고급스러운 유아복으로 사시사철 바뀌는 것 같다. 해인이 엄마는 경제적으로 그렇게 못 해주는 자신이 너무 속상하고, 애한테도 미안함을 느꼈다. 마치 자신이 좋은 엄마가 아닌 것 같은 마음이 들어서 비교되고 마음이 괴로웠다. 백화점에서 아이 명품 옷을 보면 왠지 사 줘야 할 것 같고, 무리해서라도 사주면 옷을 입고 아이를 데리고 나가는 순간 너무나 뿌듯하고 자랑스러웠다. 그러다 도가 지나치게 되자 불안감이 생기기 시작했다. 카드 청구서가 날라 올 때가 되면 너무 두려웠고, 남편에게도 새로 산 아이 옷이나 전집을 숨기느라 죄 진 사람처럼 불안해졌다.

'뱁새가 황새의 걸음을 쫓아 하다가 가랑이가 찢어졌다'는 우화가 있다. 어떤 엄마들은 아이가 생기면 다시 인생을 만회할 기회를 잡은 것처럼 생각한다. 다시 나에게 새롭게 출발할 기회가 주어진 것 같고, 다른 아이를 보니 내 아이와 별반 다를 게 없어 보인다. 오히려 어떤 면에서는 우리 아이가 나은 면도 보인다.

남부럽지 않게 키워볼 욕심이 생긴다. 주변의 시선, 광고, 상술들이 이런 엄마의 마음을 더욱 부채질한다. 백화점에서 이 정도 유모차는 태워 줘야 기가 살고, 장난감 교구는 유명업체를 써야 다른 아이들에 비해서 한 걸음이라도 빨리 갈 수 있다고 광고한다. 뱁새 콤플렉스를 가진 엄마는 남들과 비교하여 우리 아이를 더 좋게 해주지 못하면 안절부절못한다. 무리해서라도 최고의 수준으로 해주지 못하면 좋은 엄마가 아니라고 생각하는 것이다.

기본적으로 과시욕이나 허영심이 있고 무엇이든 남들과 비교를 잘하는 엄마들이 이러한 성향이 있다. 사실 아이가 쓰는 제품이나 교구들은 기능과 안전 면에서 괜찮기만 하면 고가일 필요가 없다. 또 값비싼 장난감이나 전집은 사 놓고 가격이 아까워서 아이에게 자꾸 사용하도록 종용하게 된다. 아이들은 대개 비싼 장난감을 몇 번 사용해 보고 나서는 흥미를 잃는다. 오히려 지나가는 개미를 가지고 장난치거나 휴짓조각으로도 몇 시간씩 가지고 논다. 더군다나 아빠의 반대에도 불구하고 무리해서 산 경우라면 엄마는 가격도 아쉽고 체면도 살릴 겸 아이가 장난감을 억지로라도 가지고 놀도록 한다. 아이의 창의력을 키우기 위해 선택한 장난감이 오히려 아이의 자율적인 놀이를 제한하는 결과를 낳는다. 이 모든 것은 자연스럽지 못한 상황이다. 아이에게 인위적으로 놀도록 강요하게 되면, 아이가 마음에서 우러나오는 진정한 만족감을 느낄 수가 없게 되는 것이다.

뱁새가 황새를 의식하지 않고 뱁새다울 때 가장 아름답고 조화로운 상태가 될 것이다. 우리 아이의 자연스러운 발육 상태와 우리 가정의 상황에 맞게 아이에게 욕심내지 말고 자연스럽게 키워야 한다.

예를 들어 "우리 집은 아이가 셋이다. 외동딸을 둔 가정처럼 아이에게 옷이나 악세서리를 사줄 수 없다. 우리 집은 시골에 있다. 서울에 사는 아이처럼 영어 유치원을 보낼 수 없다."고 속상해하며 내가 가지지 못한 부분에 초점을 맞추기보다는 "아이가 셋이어서 형제끼리 부대끼며 배우고 사회성을 기를 수 있다. 시골에 있어서 아이가 자연을 가까이할 수 있다."고 내가 가진 상황 속에서 만족하고 나만의 장점을 찾는 것이 필요하다.

이 세상에 완벽한 사람은 없다. 남들이 하는 것은 다 좋아 보일 수 있다. 육아에서 '이렇게 해야 한다. 이것을 공부시켜야 한다.'는 원칙은 없다. 남들의 시선, 남들의 상황을 쫓기보다는 자연스럽게 내가 처한 상황을 긍정적으로 만들어 나가는 과정을 겪는 것이 도움이 된다.

해인이 엄마는 자신이 왜 다른 사람과의 비교를 하게 되고, 해인이에게 쇼핑중독처럼 물건을 사주거나 옷을 사주지 못하면 못 견디는가에 대해서 처음부터 굉장히 고민을 하였다. 엄마와 여러 차례 면담을 가지면서 엄마의 문제점을 깨닫게 되었다. 엄마는 과거의 것에 너무 매달려 있었다. "옛날에는 내가 공부를 못했어요. 친정에서 조금만 돈이 많았으면 내가 공부를 더 잘 할 수 있었을 거에요." 엄마는 과거의 가치, 과거에 자신이 하지 못한 것에 대한 후회, 그리고 그렇게 하지 못하게 만들었던 열악한 집안 환경과 무심한 부모, 욕심많은 형제들에 대한 이야기로 면담 시간을 거의 꽉 채웠다. 그렇게 여러 차례 면담을 하고 나자 해인이 엄마는 " 선생님, 제가 너무 과거 얘기만 하는 것 같아요." 라고 어느 순간 자각을 하기 시작했다. "이제 충분히 하셨어요? 그동안 얼마나 하고 싶었겠어요. 어느 누구도 들어줄 사람이 없고, 누구에게 얘기하기도 껄끄러운 부분이었으니 그리고 마음 속에 많이 앙금으로 남아 항상 생각이 나던 것이었으니까요. 하지만 이제는 과거에 먹이를 주지 마세요. 먹이를 줘서 과거를 더 키우지 마세요. 이제 과거보다 더 중요한 현재와 앞으로의 날들이 있잖아요."리고 얘기를 해주게 되었다. 엄마는 과거의 가치와 후회에 너무 몰두한 나머지 자기 전에 거의 "만약 내가 고등학교 시절에 이랬었다면, 만약 내가 초등학교 때 이렇게 과외를 받았다면, 공부를 더 잘 했다면, 우리집이 재벌이었다면"이라는 백일몽과 공상을 하고 자곤 했다. 그러다 보니 현재가 더 불만스러웠고 로또라도 맞아서 과거의 것을 모두 새로 싹 고치고 지워서 다시 새 출발을 할 수 있다면 이라는 말도 안 되는 가정에 몰두하게 되었다. 현실을 처다보면 한숨이 나오기 때문에. 그래서 새로 시작하게 된다는, 새로운 기회를 가지는 것에 대한 지나친 강박이 해인이에게 생기게 되었다. "내가 못했던 것을 다시 시간을 돌려 우리 해인이에게 해주는 것 같은 느낌이 들어서 대리만족이 되고, 뿌듯하고 좋아요."라고 얘기하였다. 하지만 그것은 물건이 주는 잠시의 기쁨일 뿐이었고 온전한 만족감을 가져다 주지 못했다. 그래서 해인이 엄마는 해인이에게 비싼 옷을 사주고 나면 뿌듯한데, 이후에는 오히려 더 무기력해지고 허탈해지고 우울해져서 집안 일도 잘 안 하게 되고, 해인에게 공을 들여서 동화책을 읽어주거나 대화를 나누거나 바깥활동을 다양하게 하는 것에 소홀하게 되었다고 했다. 그러면 또 그 무력감이 너무 싫고 괴로운데 옷을 보면 사고 싶은 마음이 들면서 괴로워서 또 옷을 사게 되고, 마치 해인이 엄마 스스로 말한 것처럼 마약과도 같은 중독 상태가 되어 버리게 되었다고 했다. 해인이 엄마가 해야 할 첫번째 일은 바로 현재의 자신의 모습을 그대로 직시하고 인정하는 것이었다. 그리고 지금의 이 모습을 만든 것은 친정엄마도 아니고, 못된 오빠도 아니고, 무능력한 친정아빠나 남편도 아닌 자기 자신이라는 것을 받아들이는 것이었다. 문제를 만든 핵심은 나 자신의 노력부족과 꾸준히 실천하지 못했던 게으름에 있었다는 것을 받아들이는 것이 첫번째 과제였다. 자신에게 문제가 있다고 생각하지 않고 남에게 문제가 있다고 생각하면 원망이 쌓이게 된다. 그 원망은 나를 피해자이자 희생양처럼 느끼게 만들고 왠지 억울하다는 생각을 하게 만든다. 억울하다고 생각하면 남이 도와주거나 남이 해결해줘야 한다는 생각이 들고 화만 나게 된다. 그러면 지금의 문제를 해결할 수 있는 정확한 방법을 볼 수 없게 된다. 해인이 엄마에게 문제점을 하나씩 짚어주기 시작했다. 우선 살을 빼야겠다고 하면서도 야식을 먹는다든지 하는 등의 자신의 부족한 의지력을 직면시켜 주고 엄마에게 "이 모든 문제는 남탓을 할 것이 아니다. 지금 내가 힘이 들고, 살이 찌고 남들에 비해서 뭔가 잘 안 되는 것은 남탓할게 아니다. 다 내 자신이 만든 것이다. 첫째, 그것이 사실이다. 남 탓, 남 핑계만 대고 있었을 뿐, 이 모든 것은 다른 방법을 선택해서 벗어날 수도 있었음에도 불구하고 내가 선택한 결과로 이루어진 것들이다. 둘째, 설사 남들의 영향이 조금 있었다고 하더라도 그렇게 생각하는 것이 실용적인 관점에서 지금 나의 문제를 해결하는데 아무런 도움이 되지 않는다. 쓰레기 더미에서 나오려면 주변을 원망스런 시선으로 바라보거나 징징거리며 도움을 청하지 말고 내 몸을 움직여서 빠져나와야 한다."고 이야기 해주었다. 해인이 엄마는 친절하던 선생님이 왜 이렇게 무섭게 변했냐고 원망도 하고 저항을 하고 핑계를 늘어놓고 화를 내기도 했지만, 결국 인정하고 받아들이기로 했다.

두번째는 물건을 버리는 것이었다. 쌓아두는 것, 버리지 못하는 것, 정리하지 못하는 습관이 더욱 물건을 사는 것에 집착하게 만들었기 때문에, 버리는 훈련을 하기로 하였다. 집을 나갈 때마다 집에서 버려야 할 물건을 하나씩 가지고 나가 버리기로 하였다. 앞으로 혹시 쓸모가 있을 것 같아서 쓰지도 않고 쟁여놓았던 것들을 과감히 버리기 시작하자, 신기하게도 과거에 대한 집착이나 물건에 대한 집착이 줄어드는 것을 느낄 수 있었다. 열등감과 남에 대한 원망으로 과거를 움켜쥐고 있는것, 물건을 움켜쥐고 있는 것이 해인이 엄마의 문제였던 것이다.

해인이 엄마는 자신의 콤플렉스를 인식하고 그 원인이 되는 심리적인 문제를 해결해 나가기 시작했다. 1남 3녀 중 셋째로 태어나 학창시절부터 공부도 그다지 잘하지 못하고, 집에서도 별로 주목받지 못하고 자랐다. 그에 비해 늘 주목받는 언니를 부러워했던 자신의 심리가 아이를 낳고 나서 다시 물 위로 올라온 것이었다. 다른 아이와 비교되는 자신의 아이를 보면 어린 시절의 자신이 떠올라 마음이 우울하고 기분이 좋지 않았던 것이다. 또 왠지 공허하고 우울한 느낌이 들면 아이 옷을 사면서 기분전환을 했다. 이 모든 것이 진정으로 인정받고 싶은 마음에서 시작되었다는 것을 알게 되었다. 다른 사람이 비싼 옷을 입은 내 아이를 바라보고 부러워하는 시선에서 카타르시스를 느끼게 되었던 이유가 바로 자신의 열등감 때문이었던 것을 깨닫고 해인이 엄마는 많이 괴로워했다. 해인이 엄마는 스스로 느끼는 열등감을 극복하기 위해서 자기 자신에게 주는 칭찬과 인정이 필요하다는 것을 인식하고, 매일매일 사소한 장점이라도 발견해서 자신에게 스스로 칭찬을 해주었다. 공허하고 외롭고 자신이 쓸모없다는 느낌이 들 때마다 그 기분에 빠지지 않기로 약속하고 자신의 장점을 적은 리스트와 앞으로의 계획과 희망을 적은 글을 보며 긍정적인 마음으로 전환하는 연습을 하기로 하였다. 해인이 엄마는 남들의 인정이 아닌 진정한 자신의 가치를 알아봐 주는 연습을 하면서 조금씩 변해가기 시작했다.

COMPLEX Ⅳ

'선녀와 나무꾼' 콤플렉스
: 남편을 배제하는 엄마

+ 유형 사례 +

정서 엄마는 어느 순간부터 남편이 답답하게 느껴지고 사소한 것을 가지고 남편에게 화를 내기 시작했다. 남편이 하는 일은 다 못 미덥고 왠지 실수할 것 같은 느낌이 들면서 남편이 한 행동은 꼭 다시 한 번 확인하게 되었다. 어느 날 남편이 아이에게 게임을 하라고 휴대전화를 건네는 것을 보고는 화가 나서 "애한테 그걸 자꾸 왜 줘! 안 좋단 말이야."라고 소리를 지르는 자신의 모습을 보게 되었다. 그 사건으로 남편도 화를 내고 가정 분위기는 안 좋아졌다. 아이의 문제에 중요한 결정을 내리거나 무언가를 사거나 할 때 꼭 남편의 의견을 무시하게 되고 배제하게 되는 정서 엄마는 남편이 그저 답답하기만 했다.

'선녀와 나무꾼' 이야기 속의 선녀는 옷을 훔친 나무꾼과 결혼해서 아이도 낳고 같이 산다. 그러나 선녀는 선녀 옷을 찾자마자 아이들을 데리고 하늘나라로 날아가 버린다. 아이 셋을 낳는 동안 생긴 정도 없는 건지, 선녀는 남편은 내버려두고 애들만 데리고 매정하게 친정으로 가버린다. 선녀와 나무꾼 콤플렉스를 갖는 엄마들은 남편의 의견을 무시하거나 암암리에 남편을 양육에서 배제하곤 한다. 아이와 관련된 결정에서 아빠는 배제하는 것이다.

이러한 경우는 대개 엄마가 아빠보다 학력이나 결혼 당시 조건이 좋은 경우 또는 경제적으로 처가에 의존하는 경우가 그렇다. 엄마는 활동적이고 외향적이며 추진력이 강한 경우가 많고, 아빠는 다소 조용하고 자기주장이 강하지 않은 소극적인 성향이 있는 경우가 많다. 엄마가 볼 때는 아빠가 못 미더우므로 자꾸 배제하게 되는데, 문제는 이렇게 하다 보면 궁극적으로 가족 구조의 왜곡이 오게 된다는 것이다. 가정 내에서 아빠의 권위가 무너지고 아이들도 아빠를 무시하게 된다. 아빠를 통해서 배울 수 있는 남성 역할, 사회성 등을 배울 기회가 줄어든다. 딸이라면 남성을 무시하거나 혐오감을 갖게 되기 쉽고, 아들이라면 열등감을 가지게 되기 쉽다. 일명 아버지상(Father Figure)이라고 부르는 권위적인 대상인 선생님, 상사에 대한 이미지도 영향을 받게 된다.

배우자와 사이가 안 좋을 수는 있지만, 배우자에 대한 적개심을 아이들 앞에서 드러나서는 안 된다. 특히 아이 아빠의 특성적인 부분을 비난하는 것은 아이들의 가치관에도 영향을 줄 수 있다. 왜냐하면, 아이로서는 자신은 최소한 50%는 아빠를 닮았기 때문이다. 엄마가 아빠보고 게으르다고 욕을 하면, 아이는 "나도 아빠를 닮았는데, 나도 나쁜 사람이구나."라고 여기게 된다.

함께 살다 보면 화가 날 수도 있고 화를 내야 할 때도 있을 수 있지만, 이럴 때는 상황적인 비판을 하는 것이 남편에 대한 특성적인 비난을 하는 것보다 훨씬 낫다. "오늘 바빠서 쓰레기를 버리는 것을 잊었나 보네."라고 하는 것이 "당신은 왜 이렇게 게으르냐."라고 하는 것보다 낫다는 것이다. 가정 내에서 아빠의 위치는 중요하다. 어릴 때에는 엄마만 있어도 충분할 것 같지만, 아빠와의 관계가 좋고 신체접촉을 많이 한 아이들은 그렇지 못한 아이에 비해 사회성과 리더십이 더 발달한다는 연구 결과가 있다.

아빠는 대개 엄마보다 물리적인 자극을 주는 과격한 신체 놀이를 하고 특이하고 예측할 수 없는 놀이를 하는 경향이 있다. 그래서 아이들은 엄마와 있을 때는 차분하고 안정감을 느끼지만, 아빠와 있으면 흥미롭고 도전적인 마음을 가지게 된다. 아빠와 관계가 좋은 아이는 청소년 시기에도 자기 조절 능력이 좋고 또래와의 관계도 원만하며 비행이나 일탈 행동도 훨씬 적은 것으로 나타났다.

아빠와 안정적으로 애착 형성이 이루어진 아이들은 위축감을 덜 느끼고 불안감도 적으며 새로운 도전을 받아들이고 적응하는 능력이 뛰어났다. 아빠와 어린 시절에 맺은 이러한 관계는 나중에 아빠가 집에서 함께 살지 않을 때에도 유지된다는 연구 결과가 있을 정도로, 아빠는 아이 발달의 초기부터 여러 측면에서 매우 큰 영향을 주는 존재이다. 아빠와의 안정적인 애착을 형성하는 경우는 만약 엄마와 애착 형성이 불안정하다고 할지라도 이를 보완해주는 데 많은 도움이 되기도 한다.

엄마가 똑똑하다고, 혹은 아빠가 못 미더워서 아이를 위한 결정을 엄마가 다 하는 것이 좋은 엄마라 생각한다면 큰일이다. 아빠를 아이 양육에 나머지 반을 차지하는 대상으로 인정하고 아빠의 스타일에 큰 간섭이나 불신을 하지 말고 맡기는 것이 낫다.

정서 엄마는 사실은 어린 시절부터 친정아버지의 사랑과 관심을 유독 많이 받고 자랐었다. 친정아버지는 정서 엄마가 결혼하고 나서 40세가 넘었는데도 어디 다쳤다고 하면 달려와서 병원으로 데려가고 여러 가지 사소하거나 중요한 문제들을 모두 나서서 처리해 주곤 했다. 친정아버지는 정서 엄마가 어려서부터 몸이 약해서 많이 다치고 병약해서 항상 안쓰럽게 생각해서인지 첫째였던 정서 엄마를 유독 끔찍하게 아꼈었다.

정서 엄마는 어린 시절부터 항상 챙겨주고 관심받고 자랐기 때문에 사실은 크게 성격이 모나지도 않고 별 어려움 없이 유년시절을 보냈었다.

그러다가 선을 보고 정서 아빠를 만나게 되었다. 정서 아빠는 어려운 가정환경 속에서 내성적이고 조용한 성격으로 주로 혼자서 일을 해결하는 스타일이었다. 정서 엄마가 보기에는 친정아버지의 외향적이고 활달하며 자식을 위해서 자상하게 신경을 써주는 남성만 바라보다가 정서 아빠처럼 조용하고 별로 관여하지 않는 다소 무심한 남편을 만난 게 아주 불만이었다.

남편 문제만 있으면야 그런대로 살아갈 수도 있었을 테지만, 외동아들인 정서 아버지댁의 시집살이가 유복한 가정에서 무난히 자란 정서 엄마에게는 거의 학대 수준으로 느껴져서 시간이 지날수록 시댁에 대한 증오감이 쌓이게 되었다. 처음에는 원래 시집살이라는 것이 이런 건가 싶었지만, 점점 시간이 지나갈수록 이러한 서러움이 억울함으로 그리고 분노로 바뀌면서 남편이 가운데서 제대로 중재해 주지 못한 것에 대한 불만으로 쌓여 갔다. 남편에 대해서 믿음이 없어지면서 '나를 지켜주지도 못하는 사람, 내가 필요할 때도 옆에 없어 나에게 도움이 되지 못하는 사람'이라는 소극적인 원망에서 "저 사람 때문에 내가 들을 필요도 없는 험담을 듣고 학대를 받아야 하게 되었다."라는 적극적인 분노감으로 변질되어 갔다.

그러다 보니 남편이 하는 말이나 행동 하나하나가 모두 못마땅한 정도가 아니라 대놓고 싫어지는 상황이 발생하게 되었다. 처음에는 의식적으로 싫어하고 반대하는 상황이었는데, 이게 시간을 두고 계속되다 보니 습관화가 되어서 뭐 딱히 반대하거나 싫은 명분이 아닌 사안도 그저 아빠가 생각했다는 이유만으로 싫어지게 되었다.

정서 엄마는 이러한 자신의 마음 상태가 잘못된 것이라는 것을 잘 알고는 있었지만, 너무 오랫동안 묵혀 왔던 감정들이 한 번에 변하기는 어려울 것이라고 생각했다. 그리고 정서 엄마는 자신이 아빠를 무시하고 싫어하게 된 이유가 자신 때문이 아니라 정서 아빠 때문이라고 생각하고 있어서 정서 아빠가 행동에 큰 변화를 먼저 보여야 한다고 믿었다. 그래서 정서 아빠는 변화가 없는데 자신만 변화하는 상황이 왠지 억울하다는 생각이 든다는 것이다.

엄마의 문제는 가족 전체가 얽힌 문제라서 정서 엄마 혼자만의 변화로는 역부족이었다. 정서 아빠는 장기간 지속된 가장으로서의 권위가 떨어진 부분에 대한 만성적인 우울감과 무기력감에 시달리고 있었다. 언제고 정서 아빠는 기를 제대로 편 적이 없다고 생각하고 있었고, 지금껏 참고 살아온 세월처럼 그냥 가족을 피상적으로 유지하고 가족의 문제에 대해서는 함구하고 관심을 아예 끄는 것이 편하다는 생각이었다. 정서 부모의 문제가 정서에게도 영향을 줄 수가 있다는 면을 주지시키고 변화를 촉구하였다. 정서 아빠도 변화해야 한다는 것을 알고 노력도 해 보았지만 정서 엄마가 너무 차갑고 무섭게 방어적으로 나오기 때문에 모든 노력이 허사였다고 하였다.

정서 아빠는 조금 더 가정의 권위를 세우고 가정에 참견하고 문제 해결에 동참하기로 하였다. 아빠가 결정하는 사항에 대해서는 정서 엄마는 어떠한 경우에도 참견하거나 이에 대한 아니꼬운 발언을 전혀 하지 않도록 하였다. 아빠의 가정에의 참여도를 높이고 아이들과의 같이 보내는 시간을 늘리면서, 정서 엄마도 지금껏 자신이 원했던 자상하고 가정에 참여를 많이 하는 아버지의 모습을 발견하게 되어 예전만큼 화를 덜 내게 되고, 그런 노력들이 모아져 정서 가족의 변화가 시작되었다.

정서 아빠는 그동안의 무력감을 이해해주는 치료자에게 눈물로 서러움을 털어놓았다. 즉, 정서 엄마는 본인이 희생자이고 아빠가 나쁘다는 인상을 가지고 있었지만, 알고 보면 정서 엄마와 아빠 둘 다 모두 상처받고 힘들었던 것이다. 서로가 그동안 서로의 감정 상태에 대해서 이해를 하고 몰랐던 부분에 대해서 알게 되기 시작하면서 긴 시간 서로 고통과 상처를 주었던 부분에 대한 용서와 앞으로 정서를 포함한 가족 전체의 행복을 같이 책임지고 나가야 하는 공동체 의식을 배양하기 시작하였다.

면담을 하면서 정서 엄마는 본인이 남편에게 했던 행동을 살펴보게 되었다. 자기의 모습을 객관적으로 바라보기 시작하면서 정서 엄마는 자신의 행동이 친정 엄마가 아빠에게 늘 해 왔던 것임을 깨달았다.

친정 엄마는 아빠와의 결혼 자체를 싫어했었고, 아빠가 하는 것을 다 못 미덥고 실수를 할 것이라는 믿음을 가지고 있었다. 그래서 아빠와 정서 엄마가 놀고 있으면 뒤에서 못마땅한 얼굴로 팔짱을 끼고 바라봤고, 맘에 안 들면 잔소리를 늘어놓았다. 친정엄마는 항상 퉁명스러운 말투에 무언가를 비난하는 듯 압박감을 느끼게 하는 잔소리를 하였다. 그러한 모습이 어린 시절부터 항상 보아왔던 가정 풍경이었고, 정서 엄마의 마음속에 무의식중으로 박혀있었던 것이다.

정서 엄마는 자신의 행동 원인을 알게 되자 습관적으로 남편을 나쁘게 보던 관점을 바꾸려고 노력하고 있다. 남편이 아이에게 하는 행동을 볼 때 마음에 안 든다는 생각이 들면, '좋은 점도 있지 않겠어? 꼭 나쁜 것은 아니겠지. 혹시 내 유년시절의 무의식에 지배받아 습관처럼 또 그러는 것은 아닐까?'라는 생각을 해보기로 했다. 정서 엄마는 비로소 인생의 엉켰던 매듭이 풀어지는 경험을 했다.

COMPLEX V

'뻐꾸기 키우는 오목눈이 엄마' 콤플렉스
: 헌신 후 헌신짝처럼 버려지는 엄마

> **+ 유형 사례 +**
>
> 영민이 엄마는 자식을 위해 희생하고 고생하는 것이 당연하다고 생각했다. 그래서 영민이가 원하는 것은 다 해 주려고 노력했고, 몸이 고되더라도 엄마가 헌신하는 것이 자식을 위하는 길이라고 생각했다. 그러나 엄마가 헌신하면 할수록 영민이는 점점 버릇이 없어졌고 엄마가 자신을 위해 노예처럼 생활하는 것이 당연하다고 생각하게 되어 엄마가 요구를 들어주지 않으면 화를 내게 되었다. 몸집이 커지자 이제는 엄마가 말을 안 들어주거나 반대 의견을 내면 엄마를 때리기까지 했다. 영민이 엄마는 지금까지 영민이를 위해 자신이 다 참고 헌신했던 모든 것들이 너무도 허무하게 느껴진다고 하였다.

영민이 엄마는 아이에게 적절한 한계를 설정해 주지 못했다. 원하는 대로 다 들어주고, 그 과정에서 엄마의 역할은 자식을 위해 희생하는 것이라는 생각뿐이었다.

오목눈이는 뻐꾸기가 낳아놓은 알을 자기 새끼인 줄 알고 키운다. 뻐꾸기는 오목눈이보다 몸집이 크기 때문에 조금만 자라도 엄마 오목눈이보다 커진다. 오목눈이는 자기보다 몸집이 3배나 큰 새끼 뻐꾸기의 배를 채우기 위해 쉴 사이 없이 먹이를 날아오고 배설물을 치우느라 바쁘다. 새끼 뻐꾸기는 엄마 오목눈이를 끊임없이 채근한다. 엄마 오목눈이는 자기의 체력이 소진되는 줄도 모르고 새끼 뻐꾸기를 위해 노력하다가 결국 다 큰 뻐꾸기가 날아간 후에는 아무 것도 남는 게 없다. 엄마들도 자기가 힘이 부쳐도 자식을 위해서라면 자식이 원하는 대로 다 해 주는 것이 좋은 엄마라고 믿는 경우가 있다.

이런 엄마들은 다음의 두 가지 상황에 놓여 있는 경우가 많다.

첫 번째는 아이를 객관적으로 보지 못하고, 아이가 잘 자라고 있다고 비현실적인 긍정을 하거나 아이의 문제를 축소해서 보는 경우이다. '우리 아이는 훌륭하게 자랄 것이다. 아이에게는 아무런 문제가 없다.'라고 믿고 아이가 원하는 대로 다 들어준다.

두 번째는 친정식구들이나 남편에게 학대를 받거나 상처를 받은 엄마들의 경우이다. '아이만이 나의 구원이자 빛'으로 여겨 아이만을 바라보고 자신의 삶을 바친다. 아이가 도에 넘는 요구를 해도

'아이가 화를 낼까 봐, 엄마를 싫어할까 봐' 혼내지도 못한다.

이런 엄마들은 공통적으로 '안 돼'라는 말을 잘하지 못하는 경우가 많다. 아이의 요구에 마음으로는 '저건 아니지'라는 생각이 들면서도 우물쭈물 정확하게 말을 못 하고 얼버무려 아이에게 분명한 메시지를 전달하지 못한다. 이러한 태도가 누적되면 아이에게 정확한 기준이 없어 아이는 자신의 요구가 받아들여질 때까지 강하게 요구하고 엄마는 이러한 상황을 암묵적으로 허용하게 되는 것이다.

아이를 포함해서 다른 사람이 나를 어떻게 볼까 늘 신경 쓰는 엄마들이 거절을 잘 못 하는 경우가 많다. 거절과 거부에 대한 민감성이 높은 경우로, '안 돼, 그것은 싫어'라는 나의 의사표현을 다른 사람이 상대를 싫어한다는 의미로 받아들여 화를 낼까 봐 걱정하는 것이다. 남이 나를 사랑하지 않을까 봐, 나를 두고 떠날까 봐 전전긍긍한다. 이런 엄마들은 '내가 어떤 말과 행동을 하더라도 주변에서 나를 사랑하는 것은 변함이 없다.'라는 확신이 부족한 경우가 많고 그런 식으로 양육되었을 가능성이 많다. 늘 남의 안색과 분위기를 살피고 행동한다.

이런 엄마들은 마음이 금방 약해진다. 엄마가 아이를 사랑하는 것과 원칙을 정해서 그것을 관철하는 것은 서로 배타적인 것이 아닌데, 원칙을 정하지 못해서 경계가 너무 쉽게 허물어지는 것이다. 아이를 너무 사랑한다고 생각한 나머지 제대로 된 훈육을 하지 못한다. 역시 '내가 안 된다고 하는 것은 아이에게 싫다라는 메시지를 보내는 것과 마찬가지다.'라는 생각을 무의식중에 하기 때문이다. '안 돼.'라고 했다가도 아이가 슬퍼하거나 울면 금방 마음이 약해지고 허락을 하게 된다.

이런 상황이 나이가 들어서도 지속되는 경우가 많다. 심지어 아흔 살의 노모가 쉰 살의 알코올 의존증 환자를 아기처럼 뒤치다꺼리하는 경우도 있다. 아들은 술을 먹기 위해 노모에게 돈을 달라고 조르고 협박하고 문제를 일으킨다. 노모는 아들의 요구를 강하게 차단할 필요가 있다는 것을 알면서도 마음이 약해져 결국 또 술을 먹게 용인을 하고, 문제는 계속 반복된다.

아이를 사랑하는 것과 요구를 다 들어주는 것은 같은 것이 아니라는 것을 명심해야 한다. 모든 것을 희생하고 들어주는 것이 결코 좋은 엄마가 아니다. 오목눈이 엄마와 같은 이러한 양육이 바움린드가 얘기한 허용적 양육(permissive parenting)의 대표적인 예라고 볼 수 있다. 어릴 때부터 아이가 자신의 욕구와 감정을 표현하는 것을 무조건 허용하고, 아이에 대한 벌이나 통제는 거의 하지 않는 양육 방식이다.

이런 방식의 양육을 받은 아이는 뻐꾸기처럼 자기 마음대로 하려고 하고 참을성이 없고 자기 통제력이 부족하고 충동적이 된다. 바로 욕구가 충족되지 않으면 분노나 좌절감을 느껴 화를 쉽게 내게 되고 반면에 엄마가 없으면 불안감을 느끼고 스스로 할 줄 아는 것이 없는 의존적인 모습을 보이게 된다.

대개 이런 양육 방법을 택하는 엄마들은 아이의 상태를 객관적으로 보지 못하고 어떻게 하는 것이 바람직한지에 대해서도 방법을 잘 모르는 경우가 많다. 이런 엄마들은 너무도 오랫동안 이런 양육 패턴이 반복되었기 때문에 스스로 깨달아서 고치기는 쉽지 않다. 남에게 내 의사표현을 정확하게 하기, 남의 기분을 살피지 않고 당당하게 내 마음을 표현하기, 아이에게 말을 할 때 애매한 메시지를 주지 않도록 하고 명확한 한계를 설정하여 주는 것이 필요하다.

영민이 엄마는 자신감이 전혀 없었다. 자존감도 매우 낮았다. "저는 지금까지 잘하는 게 하나도 없었어요. 친정에서는 엄한 아빠와 바쁜 엄마 사이에서 인정도 받은 적이 없어요. 엄마는 오빠들만 귀하게 여기고, 여자인 저는 중학교나 졸업하고 시집이나 가라고 하셨어요. 제가 학교에서 공부를 하든 뭘 잘하든 관심이 없었죠. 초등학교 때부터 늘 주눅이 들어서 다녔고, 한 번도 칭찬이나 인정을 받은 적이 없었던 것 같아요. 결혼하고 나서도 남편이 하라는 대로 해야 했고, 뭐 특별할 것도 제대로 대접받을 것도 없이 허드렛일이나 하고 남편 수발이나 들어야 하는 인생이었죠." 영민이 엄마는 자기 가치에 대해 전혀 인정받지 않아 왔기 때문에 자신이 생각하고 결정한 일에 대한 자신감과 확신을 가질 수도 없었다.

영민이 엄마는 이러한 상황에서 아들이 하자는 대로 할 수밖에 없었다고 하였다. 나 자신에 대한 자신이 없다보니 아들이 얘기하는 것을 들으면 그 말이 맞는 것 같아서 주도권을 항상 아들에게 주게 되었던 것이다.

영민이 엄마가 자신감이 너무 없었던 것에는 그런 대우를 받고 긴 세월 동안 그렇게 살아오는 데에 길들여져 왔기 때문이었다. 지금이라도 조금씩 칭찬과 인정을 받아야 했다.

영민이 엄마에게는 면담 시 잘못된 점이나 개선해야 할 점을 우선은 이야기하지 않고, 하나라도 잘한 부분에 대한 칭찬과 그리고 그러한 결정과 행동을 하게 된 판단 과정을 듣고 그 문제 해결 과정에 대해서 다음번에도 잘할 수 있도록 구체적인 조언을 해 주었다.

엄마는 처음에는 칭찬을 듣는 것에 매우 어색해했다. 보통 사람들 같으면 얼굴이 환해지고 미소를 지을법한데도 영민이 엄마는 어벙한 표정이었다. 그러나 계속 같은 강화를 주고 엄마의 자신감을 북돋워주자 영민이 엄마도 조금씩 변하기 시작하였다. 그리고 영민이 엄마에게 자신의 판단과 생각의 중요성을 기르기 위하여 책을 읽고 공부를 하게 했다. 그러자 영민이 엄마는 영민이에게 책을 판단의 근거로 제시를 하면서 "안 돼"라고 이야기할 수 있도록 하게 되었다. 예를 들면, 게임을 계속하는 영민이에게 그동안은 "그만해"라고 얘기했고 영민이가 "좀 더 하고"라고 얘기하고 반항하면 더는 논리적으로 반박하지 못했다면, 이제는 "게임을 하루에 2시간 이상하면 전두엽으로 가는 혈류가 부족해져" 라고 설명할 수가 있게 된 것이다.

이러한 엄마의 설명방식은 영민이에게도 새롭게 받아들이게 되었다. 과거에 영민이가 보기에 엄마는 자기주장도 못하고, 아무것도 모르는 무식하고 촌스러운 아줌마였다면 이제는 조금씩 배울 점이 있고, 성실하고, 부지런한 분으로 인식되기 시작한 것이다.

엄마가 자신의 가치와 판단에 대한 자신감을 가지기 시작하면서 그동안 묻혀있던 엄마의 장점이 수면 위로 올라오게 되었다. 엄마가 자신의 자리를 스스로 잘 찾아가면서 그동안 영민이와 바뀌었던 위치가 제대로 자리잡기 시작했다.

엄마는 이제 영민이가 화를 내거나 소리를 지르거나 반항을 하거나 말을 듣지 않아도 예전처럼 불안하거나 걱정이 되거나 마음이 뛰지 않았다. 목소리가 떨리지도 않았다.

이제 조금 더 자신감을 가져야 하겠지만 엄마는 지금까지 경험하지 못했던 많은 경험들을 하면서 자신감을 쌓아가기 시작했다.

영민이와 같이 다 자라고 난 다음에는 아이에게 한계를 설정하기 어렵다. 따라서 아직 어린아이였을 때부터 한계를 설정해주고 엄마의 말을 잘 들을 수 있도록 조절해주어야 한다.

예를 들어, 아이가 컴퓨터를 한 시간만 하기로 약속했는데도, '10분만 더' 하겠다고 조르더라도 "안 돼. 이것은 소중한 우리의 약속이야. 엄마는 약속을 지켜주고 싶어."라고 확실하게 이야기를 하는 것이다. 아이가 엄마의 말을 무시하고 컴퓨터를 계속하려고 하면 스스로 약속을 지킬 수 있도록 한 번의 기회를 주고 그래도 안 들으면 바로 전원을 끄거나 코드를 뽑아버리는 것이 낫다. 그 과정에서 엄마가 감정적으로 짜증이나 화를 내서는 안 된다. 또 잔소리나 말꼬리 잡기가 되지 않게 되도록 단호하고 짧게 의사표현을 명확히 하는 것이 중요하다.

  영민이 엄마는 엄마에게 거칠게 나오거나 학교에 안 가는 등의 문제에는 명확하게 한계를 설정하여 주기로 하였다. 반면에 귀가하고 옷을 아무 데나 벗어놓는다든지, 방 정리를 안 한다든지 하는 사소한 것들에 대해서는 우선은 잔소리를 하지 않기로 하였다. 엄마의 한계설정을 영민이가 받아들이려면 영민이와 엄마와의 관계가 좋아져야 하므로 평상시에 영민이와 대화하는 시간을 늘리고 사소한 잔소리를 줄이고 미리 약속과 규칙을 정해서 즉흥적으로 변하는 것이 없도록 안정된 환경을 만들기로 하였다.

COMPLEX Ⅵ

'밤의 여왕' 콤플렉스
: 아이를 협박하는 엄마

＋유형 사례＋

민성이 엄마는 매우 이성적이면서 완고한 스타일이었다. 민성이는 초등학교 때까지는 별문제가 없어 보였지만, 중학교에 들어가면서 아이들과 싸움이 잦고 선생님께 거의 매일 지적받아 문제아로 찍히게 되었다. 민성이는 늘 마음속에 답답함이 있다고 하였다. 친구들이랑 좀 놀거나 학교 성적이 떨어지면 엄마는 "너 엄마 말 안 듣고 자꾸 그럴래, 너 그러면 나쁜 애야, 엄마 죽어버릴까? 엄마 집 나가버려?"라고 이야기를 하였다. 민성이는 엄마의 협박 아닌 협박에 항상 죄책감과 불안감을 느껴 뭐라고 엄마에게 항변도 하지 못하고 하고 싶은 말도 그냥 마음속에 묻어만 두었다. 하지만 시간이 지날수록 자신의 의견은 내지도 못하게 심적으로 압박하는 엄마에게 답답함이 느껴지고, 알 수 없는 모를 분노가 쌓여만 갔다. 그래서 선생님이나 친구가 자신의 의견을 받아들여 주지 않으면 화가 치밀고 답답하고 억울한 느낌 때문에 충동적으로 싸움을 벌이게 된다고 하였다.

모차르트의 오페라 '마술피리'에 밤의 여왕이 나온다. 밤의 여왕은 딸 파미나에게 짜라스트로를 죽이라고 시킨다. 파미나는 정의로운 짜라스트로를 죽이는 것을 망설이지만, 밤의 여왕은 유명한 아리아로 "내 말을 듣지 않으면 넌 내 딸이 아니다."라고 무섭게 위협을 한다. 엄마의 말대로 하면 한없이 좋은 엄마이고 사랑과 관용을 베풀지만 일단 엄마 말을 거역하면 모녀간의 인연도 끊겠다는 것이다. 오페라 속의 파미나는 선(善)을 선택하고 엄마의 사랑을 버렸지만, 우리 일상생활 속에서도 자신의 요구를 강요하는 엄마들이 많이 있다. 밤의 여왕처럼 엄마의 사랑을 볼모로 내세우는 때도 있다. 어린아이들로서는 엄마의 이런 식의 협박은 너무나 무섭고 위협적일 수밖에 없다.

"너 그러면 엄마 가버린다. 너 자꾸 말 안 들으면 다른 엄마 찾아가라. 엄마 죽어버린다. 모자간의 인연을 끊자." 이런 말은 아이의 불안감을 키우게 되고, 아이가 정당한 자기주장도 못 해보고 무조건 엄마 말을 들을 수밖에 없게 된다.

아이가 초등학교 고학년이 되면 엄마의 말을 예전만큼 잘 듣지 않는 경우가 많다. 밤의 여왕과 같은 성향의 엄마들은 못 참는다. 내 뜻대로 살던 아이가 갑자기 내 말을 안 듣기 시작하면 화가 나기 시작한다. 아동일 때는 별로 문제없이 넘어갔어도 아이들이 청소년기가 되면 양 극단으로 치달을 수가 있다. 심하게 반항을 하거나 아니면 아예 위축되어 우울증에 빠지게 되는 것이다.

바버(Brian Barber)는 부모가 아이를 통제하는 방식에 대해 연구를 하였다. 바버는 부모가 아이를 통제하는 방법으로 행동적 통제를 사용하거나 심리적 통제를 사용한다고 하였다. 행동적 통제는 확고한 훈육 원칙과 아이의 행동에 대한 모니터를 통해 행동을 조절하려는 시도인데 반해, 심리적 통제는 애정 철회나 수치심 및 죄책감 등 심리적 수단을 이용하여 아이의 행동을 조절하려는 시도이다. 부모가 아이의 잘못된 행동에 대해서 행동적 통제를 하면 아이가 아동기나 청소년기에 안정되게 큰 문제를 겪지 않고 지나간다. 반면 아이의 죄책감이나 불안감을 이용한 심리적 통제만을 사용하거나 혹은 행동적 통제와 심리적 통제를 같이 사용하는 경우에는 아이들이 불안이나 우울한 상태에 빠지기가 쉽고 청소년기에 일탈이나 비행, 반사회적인 행동 등을 하는 경우가 많다. 실제로 부모가 '너의 그런 짓은 수치스러운 짓이고, 너는 나쁜 아이야.'라는 메시지를 전하면 아이는 자기 자신을 사랑하거나 자신의 능력을 믿기가 어렵다.

심리적 통제를 사용하는 엄마들은 자신이 그런 방식으로 양육을 받았을 가능성이 높다. 자신의 친정 엄마가 어릴 적 "너 그러면 엄마 집 나가버린다. 죽어버린다."는 등의 말을 많이 했을 가능성이 있고, 그 때문에 상처를 많이 받았을 것이다. 자신이 그러한 양육을 받아 상처를 받았음에도 어린 시절의 기억은 머릿속에서 사라지고 몸에 습관처럼 남아 버린다. 피해자들이 가해자를 닮아가는 것처럼 자신이 친정엄마로부터 받은 상처를 그대로 자신의 아이에게 되풀이하는 것이다. 그래서 아이의 잘못된 행동을 보면 자동으로 욱하는 감정이 올라오게 되거나 "엄마 죽어 버릴까? 너 정말 그렇게 할래?"라고 협박 아닌 협박을 하게 되어 아이에게 자신의 상처를 대물림한다.

또 심리적 통제를 사용하는 엄마들은 행동적 통제를 어떻게 사용하는지를 잘 알지도 못할뿐더러 행동적 통제가 가져오는 장기적인 이득에 대해서도 잘 모른다. 아이가 한 행동에 대해서 화를 내지 않고 아이에게 차분하게 이야기하고 아이가 잘못한 행동에 대한 책임을 지게 하는 것, 그리고 어떠한 상황에서도 이러한 행동적 통제가 일관성을 가지고 유지되는 것이 얼마나 효과적인지를 미심쩍어한다. "아이는 이야기해봤자 소용이 없더라. 수차례 말로 해도 안 되니까 극약처방을 쓸 수밖에 없다."라는 것은 몇 번 해보지도 않고 짐작해 버리는 핑계에 불과하다는 것을 알아야 한다. 따라서 정확한 행동적 통제를 하려는 방법을 배워야 한다.

심리적 통제는 체벌과 같다. 체벌은 사용하면 빠른 효과가 있는 것 같이 보이지만, 장기적으로는 오히려 체벌에 둔감해지거나 부정적인 정서를 유발하여 행동을 고치려는 동기와 의욕을 감소시킨다. 심리적 통제도 마찬가지이다. 우선, 아이가 깜짝 놀라 울면서 행동을 고치는 것 같지만, 체벌과 마찬가지로 장기적인 효과는 더 떨어지게 되는 것이다. 또한, 심리적 통제는 체벌과 마찬가지로 사용하는 사람에게 습관화가 된다. 일종의 중독이 되는 것이다. 쓰면 쓸수록 계속 그 방법을 쓰게 되기 때문에 지양하는 것이 좋다.

밤의 여왕처럼 아이에게 죄책감을 유발하거나 유기불안을 심어 줌으로써 아이를 통제하려는 엄마들은 아이의 특정 행동에 자동으로 올라오는 자신의 심리적인 반응 수위를 낮출 필요성이 있다. 또 습관화가 될 수 있기 때문에 단 한 번이라도 그런 방법은 사용하지 말아야겠다고 다짐하고, 마치 내 아이가 아닌 남의 아이를 보듯이 객관적인 시선을 유지하며 아이에게 잘못된 행동에 대한 책임을 질 수 있도록 하는 것이 필요하다.

남을 통제하는 방식으로 극단적인 감정적인 방법을 사용한 민성이 엄마는 다른 방법으로는 효과가 없다고 생각했기 때문이었다. 말로 현명하게 풀어내고 서로 상호 토론을 하면서 문제의 잘못을 따져 보고 상대의 감정을 내 감정에 조율시켜 문제를 해결하는 것은 생각도 해보지 못했다고 했다. 처음 면담 시 엄마의 이러한 태도의 문제점에 대해서 직면시키자 엄마는 "그런 방법을 안 써 본 게 아니에요. 저도 애한테 설득하고 문제를 얘기하고 좋게 말로 설명하고 그랬지만, 소용이 없어요. 애가 듣지를 않아요."라고 본인도 그러한 방법을 써 봤다고 얘기하였다.

하지만 내가 본 엄마는 거의 그러한 방법을 쓴 적이 없었고, 마음속으로는 그러한 방법이 아무런 소용이 없을 것이라는 믿음을 가지고 있었다. 그래서 그러한 방법을 사용한다고 하더라도 즉각적으로 긍정적인 결과가 나오지 않으면 바로 예전에 사용했던 감정적인 통제 방법을 사용하게 되는 것이었다. 또 하나는 방법이 익숙하지가 않았다. 그래서 어떻게 하는 것이 가장 효과적인지를 알 수가 없었고, 그 방법을 쓰면서도 자신이 없으니까 참고 기다리지를 못하게 되는 것이었다. 조금 써 봤다가 뜻하는 대로 이루어지지 않자 마음속에 초조함이 생기면서 예전에 익숙하게 사용했던 방법이 튀어나오게 되는 것이었다.

그런데 감정적인 통제가 아닌 행동적인 통제는 상당히 많은 인내심과 기다림이 필요한 과정이다. 그리고 그러한 방법이 효과를 발휘하려면 믿음을 가지고 여러 번 반복해야 했던 것인데, 엄마는 그러한 방법이 너무나도 익숙지 않았다. 어린 시절부터 그런 방법을 사용하지 않은 가정에서 자란 탓이었다.

말로 설득하며 감정을 다스리고 상대의 감정 상태를 알아주며 이야기 나누는 소통의 방법에 대한 믿음이 너무 없었다. 엄마에게 "아마도 엄마 자신도 그러한 행동적 통제와 상호 의사소통이 익숙하지 않은 가정 내에서 자랐던 경험이 영향을 주는 것 같다"는 말을 하자, 고개를 갸우뚱하며 그런 것은 아니라고 했지만, 다음 시간에 와서는 자신의 어린 시절부터의 경험을 이야기해주기 시작했다.

민성 엄마의 친정 아버지는 매우 다혈질적인 분이셨다. 친정 엄마가 뭘 조금만 잘못해도 불같이 화를 내며 잔소리를 해대기 일쑤

였었다. 아버지는 민성 엄마를 예뻐해서 민성 엄마에게는 특별히 크게 화를 내거나 한 적은 없었지만, 민성 엄마가 사춘기가 되면서 공부에 소홀히 하고 잠깐 방황을 할 때에는 친정아버지와 크게 대립각을 세우기도 할 정도였다. 그래서 지금까지도 친정아버지와의 관계가 서먹서먹하고 별로 말을 많이 하지 않는다고 하였다.

민성 엄마는 아마도 자신이 불같은 성격이 다혈질적인 아버지의 성격을 닮은 것 같다고 말하였지만, 성격을 닮았다기보다는 어린 시절부터 뜻대로 안 되었을 때 아버지가 어머니에게 했던 감정 표출 방식을 그대로 답습하고 있는 것이었다.

아버지는 자신의 감정을 모두 어머니에게 표출하였다. 민성 엄마가 보기에는 부당할 정도로 그 사안과 관계가 없는 것에도 아버지는 밖에서 화가 나는 일이 있거나 일이 잘 안 풀리면 엄마에게 와서 감정적인 분출을 했었다. 특히 아버지가 어머니에게 했던 "너 그러면 집에서 나가라. 네가 이 집에서 하는 게 뭐가 있냐. 너 그런 식으로 살 거면 당장 친정으로 짐을 싸서 나가던지, 길에 나가 죽어라"라는 협박식의 이야기가 민성 엄마는 특히나 싫었다고 하였다. 그런 이야기를 하면서 자신이 민성이에게 했던 말이 내용만 다를 뿐이지 사실은 아버지가 어머니에게 했던 방식과 비슷하다는 것을 깨닫게 되었다.

자신이 증오하던 대상과 닮은 것을 정말로 인식하지 못했었는데, 자신도 모르게 따라 하게 되었다는 것, 그래서 그 과정의 자신도 희생양이었다는 것을 알게 되었다고 말했다.

그런데 평상시에는 민성이에게 조절을 하기가 그런대로 쉽지만, 특히 화가 머리끝까지 나거나 민성이가 자신을 무시한다고 생각하는 경우, 예를 들어 한 번 "텔레비전 그만 보고 방에 들어가서 숙제해라"라고 했는데 계속 웃으면서 텔레비전을 보고 있는 모습을 보면 머리끝까지 화가 난다고 하였다. 화가 나면 그러한 감정이 계속 주체할 수 없을 정도가 되어 자신도 모르게 퍼붓게 된다고 하였다. 그러면서 민성이 엄마는 아마도 아버지도 어머니에게 그러한 감정을 느끼고 있지 않았을까 하는 생각을 했다고 했다. 아버지도 어머니가 자신을 무시한다고 생각을 많이 해서 더욱 화를 내지 않았을까 추측한다고 하였다.

"저도 아버지를 닮았는데, 우리 아버지는 엄청나게 자존심이 센 분이셨어요. 누가 자신을 무시하는 것을 참아내지를 못하셨죠. 근데 다른 사람들한테는 잘하셨어요. 남들과 당신의 친척들에게는 아주 잘하셨죠. 유독 심하게 자존심이 상해했던 것은 어머니한테였어요. 특히 어머니가 다른 사람들과 같이 있는 데서 아버지 얘기를 안 듣는다고 생각하거나, 친척을 무시한다고 화를 내기 일쑤였죠. 근데 어머니는 아버지를 무시하는 게 아니었어요. 설거지를 하면서 못 들을 수도 있잖아요. 그런데 아버지는 삼촌에게 수박 좀 대령하라고 했던 말을 못 듣고 설거지를 계속하는 어머니에게 내 말 지금 무시하냐. 네가 지금 내 가족을 무시하냐 라고 하면서 텔레비전을 집어 던지곤 하셨죠." 민성이 엄마는 자신도 민성이에게 감정적인 반응을 할 때가 몇 가지 상황에서 있다는 것을 알게 되었다. 예를 들면, 민성이가 말을 한 번 해서 듣지 않는다고 느낄 때는 민성이가 자신을 무시한다고 생각을 하게 된다고 하였다. 특히 이상하게도 민성이가 혼자 웃고 즐거워할 때 화가 난다고 하였다. 나는 지금 별로 재미있는 상황도 아니고 민성이에게 명령과 지시를 내렸는데, 민성이가 게임기나 만화책을 보면서 웃거나 장난감을 만지작거리면서 마치 자신이 상처를 받는 듯한 느낌이 든다고 하였다. 감정적으로 민성이에게 무시를 당하고 민성이가 마치 엄마의 얘기는 별로 중요하지 않아하는 것 같은 느낌이 든다고 하였다.

민성이는 사실 아무 생각 없이 현재 눈앞에 보이는 것에 감정 반응을 보이는 것뿐이었는데, 그것을 왜곡해서 해석하는 엄마가 문제였던 것이다. 엄마의 입장에서는 자신이 좀 엄하고 진지하게 얘기하면 민성이도 심각해질 것으로 생각했는데, 자신과는 달리 아무렇지도 않아 하는 모습을 보면 갑자기 자신이 아이에게 무시당했다는 생각이 든다는 것이다.

자신이 감정적으로 민성이에게 중요한 사람이 아니라는 생각이 들면서 민성이가 무시한다고 생각하면 초조함과 불안감이 생기고 이것을 상쇄하기 위한 분노가 촉발된다고 하였다. 민성이에게 더 강한 표현을 쓰면서 "너 버린다. 너한테는 나밖에 없다."고 소리를 지르게 된다고 하였다. 즉, 친정아버지도 마찬가지였고, 민성이 엄마도 가족 내에서 자신의 감정이 소외당하고 무시받고 있다는 느낌, 진정으로 존경과 사랑을 받지 못하고 있다는 느낌 때문에 무의식적인 불안감이 올라와 화를 내고 감정적인 극약처방을 하기에 이른 것이다. 그런데 중요한 것은 자신이 존경과 사랑을 받지 못하는 이유는 평상시에 가족을 자상하고 섬세하게 이야기를 들어주거나 경청하지 못했던 자신의 태도 때문인데, 이러한 자각을 못 했기 때문에 자기가 심은 나무가 자기를 덮칠 때 원인이 자신이라는 것을 보지 못하고 가족 탓만 하게 된 것이다.

민성이 엄마는 이야기하는 방법을 바꾸기로 하였다. 우선 잔소리는 줄이고 되도록 아이에게 명령이나 지시적으로 이야기하지 않고 부드럽고 차분하게 부탁하는 형식으로 말을 하기로 했고, 아이에게 엄마의 생각을 강요한다는 느낌이 아니라 그렇게 해야만 하는 이유와 그것이 민성이 자신에게 이로운 점들을 논리적으로 같이 설명하는 방식을 쓰기로 했다.

특히 민성이 엄마는 민성이가 기분이 안 좋아 보이거나 다른 일로 화가 나 있는 등 감정적으로 편안한 상태가 아니면 우선을 잔소리하는 타임을 뒤로 미루기로 하였다. 민성이의 감정 상태를 존중해주기로 한 것이다. 민성이가 자신의 감정을 다스리고 좋아질 때까지의 여유시간을 확보한 이후에 같이 만나 이야기해보기로 하였다. 왜냐하면 민성이가 기분이 안 좋을 때 엄마가 잔소리를 하면 민성이가 딴짓을 하거나 잘 듣지 않게 되었고, 그러면 엄마도 또다시 분노가 자동적으로 활성화될 것이기 때문이었다.

민성이와의 잔소리 타임을 조절하자 점차 민성이와의 관계가 좋아지고 오히려 민성이에게 소리를 지르거나 화를 내지 않아도 민성이가 말을 듣는 일이 많아졌다. 그러면서 점차 엄마도 민성이가 예쁘고 사랑스러워져 화를 내는 일이 더 줄었다.

민성이 엄마는 자신이 심리적인 통제를 많이 사용한다는 것을 알았다. 또 "엄마 죽어버릴 거야."라고 이야기하면서 스스로 이상한 카타르시스를 느낀다는 것을 알아차렸고, 이것이 점점 다시 사용하게 되는 중독성이 있다는 것도 알게 되었다. 민성이 엄마는 민성이가 잘못하는 일이 있으면 우선 눈을 감고, 시선을 다른 데로 돌리며 마음속으로 열을 세기로 하였다. "아이가 잘못한 행동에 대해서만 화내지 말고 이야기하자."라는 문구를 마음속으로 3번 정도 읊조린 후에 머리 속에서 어떻게 아이가 책임을 지면 좋을 것인지를 남의 아이라고 생각하고 구상한 후에 아이와 대화를 하기로 하였다. 잘못된 행동에 대해서 아이가 보이는 표정이나 태도에 신경을 쓰다 보면 더 화가 나기 때문에 최대한 객관적으로 거리를 두고, 책임을 지는 방법만을 알려주기로 하였다.

COMPLEX Ⅶ

'엄마 찾아 삼만리' 콤플렉스
: 아이에게 동정 받으려는 엄마

+ 유형 사례 +

한솔이는 엄마를 챙겨준다. 엄마가 머리 아프다고 자주 드러누우면 한솔이는 물수건을 이마에 대 주고 심지어 밥도 떠 먹여준다. 한솔이는 힘들어 하는 엄마에게 '괜찮아. 내가 지켜줄게.'라고 이야기한다. 엄마는 한솔이가 해 주는 대로 받아들이고 때로는 투정도 한다. 어려운 상황이 오거나 스트레스가 심하면 엄마는 드러누워 다시 한솔이의 간호를 받는다. 한솔이 같은 아이는 어릴 적에는 엄마 보호자의 역할을 하지만, 사춘기가 되고 자신의 심리적 책임이 막중해진다고 여겨지면 억울함이나 분노가 쌓여 반항을 하거나 무기력해지기가 쉽다.

'엄마 찾아 삼만리'의 마르코는 돈 벌러 떠났다가 몸이 아파서 드러누운 엄마를 찾아가기 위해 먼 길을 떠난다. 이 이야기를 마르코의 처지에서 보면 보고 싶은 엄마를 찾아가기 위한 눈물겨운 이야기가 되지만, 엄마의 관점에서 보면 다른 느낌이 들기도 한다. 엄마는 병석에 누워 있고, 나이 어린 아들이 자신을 찾아와서 병간호를 해 준 다음 완쾌되어서 다시 집으로 돌아갈 수 있다. 마치 엄마와 아들의 역할이 뒤바뀐 것 같다.

엄마가 아이를 돌보고 보호해주어야 하는데, 아이에게 오히려 엄마를 지켜주고 보살피도록 하는 것이다. 중병에 걸린 것이 아닌데도 몸이 자주 아프고 아이로 하여금 엄마를 보살피게 하는 엄마들이 있다. 물론 일부러 그러는 것은 아니지만 말이다.

이런 엄마는 아이에게 불안감을 조장한다. '엄마가 몸이 약해서 죽을지도 몰라.', '엄마는 돈이 없어서 힘이 들어.', '엄마는 약해서 아무것도 못해.'라는 생각이 들면서 아이는 엄마를 자신이 돌봐야 한다는 책임감이 들어 엄마를 위해서 집안일도 하고, 엄마를 돌봐준다. 엄마는 이러한 자녀에게 (많은 경우 딸에 해당하는데) 마치 아이가 그러듯이 투정을 부리고 떼를 쓰기도 하고 자신을 돌봐 달라고 요구하기도 한다.

아이가 어렸을 때에는 큰 문제가 안 될 수도 있지만, 청소년기가 되고 점차 아이가 독립해 나가야 하는 시기가 오면 부담감이나 혼란감이 생기기도 한다. 심적인 부담감이 커 가정을 떠나지도 못하고 엄마 옆에서 항상 맴돌게 되는 다소 비정상적인 상황이 연출되기도 한다.

아이는 청소년기를 거쳐 성인으로 접어들면서 자연스럽게 자신의 가족으로부터 분리를 시작해야 한다. 홀로 지내거나 가족 외부의 인물과의 관계를 맺으며 나중에 자신이 만든 새로운 가족을 구성하고, 자신의 자녀를 키우고 양육하면서 진정한 분리, 독립을 이루어나가는 것이 정상적인 성장 과정이다. 부모로부터 신체적으로 정신적으로 멀어지는 과정은 성인이 되기 위해 필수적인 과정이고, 스스로 부모가 되는 경험을 함으로써 부모와 맺었던 가장 중요한 관계를 자신의 아이와의 새로운 관계로 대치함으로써 내적인 변화가 일어나게 된다. 아이를 키우면서 자신의 아동기를 회상하고, 유년시절 부모가 자신에게 해 주었던 것을 기억하고 과거가 현재와 융합하고 발전하는 경험을 하게 되는 것이다.

문제는 한솔이 엄마처럼 아이의 자연스러운 발달 단계를 엄마가 무의식적으로 방해하는 경우이다. 대부분 아이와의 역할이 바뀌어 엄마가 보살핌을 받고 아이에게 심리적으로 의존하는 경우는 남편과의 관계가 원만하지 못한 경우가 많다. 엄마는 늘 외롭고 공허감을 느끼고, 시시때때로 '죽고 싶다.'는 말을 입에 달고 사는 경우가 많다. 남편과 멀어지면 원망하면서도 가까이 다가오는 것을 두려워하고 독기어린 말로 상처를 주는 일이 잦다. 엄마의 마음속에는 늘 사랑과 보살핌을 받고자 하는 어린아이가 있는 것이다.

외로운 마음에 아이에게서 위안을 받고 돌봄을 받고 싶어 하는 마음이 생긴다. 아이를 무의식적으로 조정하고 아이가 분리 독립해 나가려고 하면 "나 힘들다. 아프다."라는 말로 협박 아닌 협박을 하여 아이를 자신의 곁에 계속 두려고 한다. 아이가 청소년기가 되어 독립의 징후를 보일라치면 "소홀해졌다. 외롭다."라면서 감정의 변동을 보이거나 삐치거나 갑자기 더 아파지거나 하는 것이다.

이렇게 심한 경우가 아니더라도 엄마가 아직 어린아이처럼 의존적인 성향이 강한 상태로 남아 있으며 주변으로부터 늘 챙김을 받고 싶어하는 성향이 있을 수 있고, 아이에게 "엄마, 호 해줘, 엄마, 무릎베개 해줘."라는 식으로 엄마의 역할을 떠넘길 수도 있다.

한솔이 엄마는 자신이 무의식적으로 약한 역할을 하며 아이에게 오히려 부모의 역할을 기대하고, 자신은 아이처럼 의존 욕구를 아이에게 채우고 있다는 사실을 처음에는 자각하지 못하였다. "무슨 소리에요. 제가 아이에게 의존하고 있다니요. 아이가 어른스러워 많이 의지가 되고 힘이 되었지만, 그래도 제가 일부러 아이에게 엄마 역할을 하도록 하는 것은 아니잖아요."라고 말했다. 맞는 말이었다. 엄마에게 아이는 언제나 힘이 되고 의지가 되는 존재였다. 아이가 말을 알아듣기 시작하면서부터는 아이에게 심부름을 시킬 수가 있었고, 그리고 아이와 말이 어느 정도 통하면서부터는 아이와 함께 세상 사는 힘든 이야기들을 나누며 아이에게 의지가 되었다. 엄마도 위로받고 싶었다. 엄마도 아이처럼 다른 누군가에게 모든 것을 의지하고 위로받고 싶은 존재였는데, 주변의 어느 누구도 자신에게 그렇게 해주지 못하다고 느꼈다. 아이가 어른스럽고 자신을 챙겨주는 모습을 보면서 아이에게도 자신도 모르게 의존하고 의지하는 마음이 커져 갔다. 많이 힘들고 지칠 때면 아이에게 힘들다고 투정을 부리고 아이에게 마치 친구에게 하듯이 어려움을 털어놓고는 했다. 그러면 왠지 마음이 좀 후련하고 편해지는 것 같고, 아이가 포동포동한 손으로 엄마의 머리를 쓰다듬어주거나 힘들었지 라며 꼭 안아주면 누구에게도 받지 못한 위안을 느끼곤 했다. 문제는 그러한 상황이 잠시가 아니라는 것이었다. 엄마가 충분히 어른으로서의 역할을 다 해주며 아이를 리드하고 아이가 엄마를 의지하게끔 만들어야 하는데, 엄마는 그러한 균형을 찾지 못한 것이 문제였다. 엄마는 어른이 되지 못하는 정신적인 모라토리엄이 문제였다. 어른이 된다는 것은 자유가 늘어나지만 그만큼 책임이 무겁게 따른다. 엄마로서 아이에게 책임을 진다는 것은 끝이 없는 무한책임, 아이와 관계된 모든 것에 책임을 지게 된다는 것이다. 엄마는 그러한 책임감이 너무도 버겁게 느껴졌다. 피할 수 있으면 피하고 싶은 마음이 들면서 마냥 책임감에서 벗어나 자유로운 아이와 같은 상태로 있고 싶어했다. 아이가 대신 엄마 역할을 하더라도 자신이 피할 수 있으면 피하고 싶었다. 엄마는 아이를 사랑하는 마음은 매우 컸지만, 책임을 다하려니 너무도 힘이 든다고 느끼게 되었던 것이다.

미숙한 자신의 모습을 인정하기까지는 매우 오랜 시간이 걸렸다. 우선 자신의 증상이 의존하고 싶은 마음, 책임을 피하고자 하는 욕구 때문임을 이해하는 데까지도 시간이 오래 걸렸다. 그리고 나서야 엄마는 진정한 의미의 책임과 사랑에 대한 이해를 하기 위해 노력하기 시작했다. 사랑이라는 것은 오히려 관심과 노력을 쏟은 만큼 더 커지고, 책임이라는 것을 하고 난 이후에 뿌듯하게 자신을 칭찬하기로 했다. 엄마는 너무도 두려웠던 것이다. 책임을 다하게 되면 과연 자신이 잘할 수 있을까 걱정이 되었고 잘못되었을 때 자신에게 올 비난에 대해서 견뎌낼 자신이 없었다. 아무도 비난을 할 수가 없다는 것, 그리고 비난을 받더라도 내가 끝까지 책임을 지는 것이 옳은 것을 알게 하는 것이 중요했다. 엄마는 다른 사람에게서 비난을 받는 것을 견딜 수가 없었다. 비난받을 행동을 하면 사랑이 철회될 수 있다는 두려움이 엄마로 하여금 자신의 주관대로 결정하고 책임을 질 행동을 하기 어렵게 만들었다.

엄마의 이러한 미성숙하고 의존적인 면을 고치기 위해서는 엄마의 독립적인 생각을 격려할 필요가 있었고, 엄마가 스스로 어려운 결정들을 해 나가고 남의 시선이나 남의 인정에 휘둘리지 말고 나 자신이 옳다고 믿고 만족스럽다면 그 자체로 훌륭한 것이라는 것에 대해서 깨달을 수 있도록 격려했다. 책임은 모든 비난에도 두려워하지 않고 끝까지 사랑하는 길임을 엄마는 모르고 있었던 것이다.

한솔이 엄마는 항상 몸이 아파서 한솔이에게 의지하게 된다고 하였다. 그러나 상담을 받을수록 엄마는 자신이 늘 외롭다고 느끼고 다른 사람에게 관심을 받고 싶어했기 때문에 한솔이에게 허한 마음을 의지하고 있었다는 것을 알게 되었다. 엄마는 혼자 있는 것을 두려워하지 않고, 외롭다고 느낄 때 그 감정에 빠지지 않기로 하였다. 엄마의 역할을 하나씩 해나가면서 자신이 엄마로서 유능하다는 느낌이 들 수 있도록 하였다. 엄마는 우울하고 힘들다고 느낄 때마다 여기저기가 아프다는 것을 알게 되었다. 우울하고 힘들다고 생각할 때마다 엄마는 침대에 누워서 있었는데, 누워 있는 시간이 길어질수록 악순환에 빠지는 것이었다. 엄마는 자신이 지금까지 잘 해오지 못할 거라고 겁을 먹었던 양육, 가사 등의 많은 부분에서 책임감을 가지고 하나씩 해나가기 시작했다. 엄마에게 필요한 것은 용기와 구체적인 조언이었다. 예를 들면 '피곤해서 아무 것도 하지 못할 것 같다.'는 생각이 들 때에는 마음을 가볍게 가지고 간단하고 쉬운 집안일을 해 보기로 했다. 대청소하려고 마음먹지 말고 가볍게 설거지만 하자는 마음으로 시작하다 보면 이상하게도 기운이 나는 것을 발견할 수 있었다. 또 우울감이나 피로감이 몰려올 때에는 그 감정에 빠지지 않기 위해 나가서 집 주변 공원을 어슬렁거리며 편안하게 산책하고 왔다. 엄마가 자신의 역할을 해나가기 시작하고 자신의 심리적인 상태를 이해하면서부터 한솔이도 그 나이 또래의 모습으로 돌아가 더욱 밝아지고 편안해졌다.

COMPLEX VIII

'백설공주 엄마' 콤플렉스
: 아이를 질투하는 엄마

✚ 유형 사례 ✚

민영이 엄마는 스타일이 좋다. 마흔이 넘은 나이에도 피부도 곱고 주름도 없다. 옷도 너무나 예쁘게 잘 입고 다닌다. 또 자기 계발에도 관심이 많아서 외국어며 첼로며 수영 등을 배우러 다닌다. 그런데 문제는 민영이였다. 민영이는 엄마와 항상 비교해서 자신이 못생기고 촌스럽고 똑똑하지도 못하다고 생각하여 주눅이 들어 있었다. 민영이는 소외감과 자신 없는 마음을 가지고 살고 있었다. 엄마는 민영이를 사랑하지만, 자신이 더 중요하다고 생각하고 있었다. 그래서 민영이보다는 자신에게 더 관심을 두고 민영이가 뭔가를 잘하면 알 수 없는 질투심 같은 것이 생긴다고 하였다. 그러나 그러한 마음을 직시하면 '엄마로서 말도 안 되는 생각이다.'라고 괴로워져서 민영이 엄마는 별로 관심을 두지 않는 방향으로 마음을 먹기로 하였다. 그러다 보니 민영이에게 애정이 있지만, 일정한 벽이 있는 것 같은 태도로 대하게 되어 민영이는 알 수 없는 공허함을 항상 가지게 되었고, 엄마가 충분히 자신을 사랑하지 않는 것 같다는 느낌이 들게 되었다.

백설공주 엄마는 아이와 계속 경쟁한다. 자신과 딸 중에 누가 더 예쁜지를 거울에 묻고, 심지어 딸을 죽이려고 계략을 짜기까지 한다. 물론 이 동화에는 계모인 왕비가 권력을 쟁취하려는 정치적 의미가 숨어있기는 하지만, 현실에서도 자신과 딸을 비교하여 무의식적인 경쟁의식을 가지는 엄마가 있다.

아이가 영아일 때는 상관이 없지만, 점점 자랄수록 아이와 경쟁 상대가 된다. 아이가 남편에게 더 예쁨을 받으면 기분이 좋기는 하지만 그 이면에 아이를 질투하게 되는 마음이 은연중에 생기게 된다. 이상하게 아빠랑 깔깔대며 노는 아이의 모습을 보면 마음이 편치 못하다. 오히려 아빠에게 혼쭐이 나서 울고 있어야 더 측은한 마음이 들어 잘해 주게 된다.

앞에서 마르코의 가정은 아빠가 빠진 상태에서 엄마와 자녀의 관계가 병적으로 융합되어 문제가 생긴 것이라면, '백설공주 엄마' 콤플렉스는 엄마가 아빠를 사이에 두고 딸과 경쟁하는 가정의 문제일 수 있다. 엘렉트라 콤플렉스(Electra Complex)는 딸이 아빠를 좋아하고, 엄마를 미워하는 경우를 얘기한다면, 이것은 반대로 엄마가 딸을 미워하는 경우라고 할 수 있겠다.

문제는 엄마가 아이 문제보다도 자신을 중요하게 생각하고 자기애에 빠지거나 아이에게 무의식적인 질투를 한 경우라면 아이는 엄마에게서 소외감과 좌절감을 느끼게 된다. 마치 그리스 신화의 나르시스를 흠모하는 소심한 에코처럼 말이다. 나르시스가 강물에 비친 자신의 얼굴과 사랑에 빠져 있을 때 에코는 어두운 동굴에서 나르시스가 자신을 바라봐주기를 애태우며 바라고 있었다. 하지만 나르시스는 에코에게 전혀 관심이 없었고, 이 때문에 에코의 비극이 시작되었다. 아이는 엄마의 사랑을 늘 갈구하며 결핍감에 힘들어하며 살다가 사춘기가 되면 엄마가 자신에게 충분한 사랑과 관심을 주지 못한 것에 대한 분노와 증오감, 그리고 엄마를 넘어서서 복수하고 싶다는 심리를 갖게 된다.

이런 엄마들은 어린 시절 애정이나 관심을 충분히 받지 못해, 아직도 자신이 엄마라는 존재가 되는 것을 거부하는 경우일 가능성이 높다. 언제나 관심의 중심이 되지 못하면 불안감이 증폭되는 경우도 이에 해당한다고 볼 수 있다. 앞서 '마르코의 엄마'는 다른 대인 관계가 부족하여서 자식을 자신이 기대고자 하는 대상으로 삼지만 '백설공주 엄마'는 다른 대상과의 관계를 추구하고 자식을 경쟁의 대상으로 삼는다. '백설공주 엄마'의 경우는 대개 외모에 관심이 많고, 늙는 것을 두려워하는 경우가 많다.

이런 엄마 밑에서 자란 아이는 애정 철회에 대한 두려움, 나약함, 의존하고 싶으면서도 사람을 믿지 못하는 그러한 복잡한 심리 상태에 빠지기 쉽다. 갑자기 이유를 알 수 없게 우울해지거나 극도의 공허함, 심리적인 외로움에 빠지게 되고, 우울할 때 극단적인 자해나 자살 시도 혹은 약물에 의존하는 예도 생기게 된다.

민영이 엄마도 많이 불안했던 것이다.

내가 힘이 없어지고 외모도 볼품없어지면 나에 대한 사랑도 없어진다고 생각했다. 내가 아름답고, 통제를 하고 남이 내 밑에 있어야 나에 대한 가치가 있는 것이라고 생각했다. 엄마는 조금도 경쟁에서 지면 안 된다는 생각을 하고 있었다. 엄마의 마음속에는 늘 경쟁심리가 도사리고 있었고, 내가 가치가 있어야, 그게 미모든 능력이든 돈이든 다른 무엇이든 남에게 매력적으로 보일 수 있는 무언가가 있어야 남들로부터 사랑을 잃지 않는다고 생각했다.

민영이 엄마는 민영이를 임신하면서부터 우울감이 생겼고, 민영이를 낳고 나서는 산후 우울증에 심하게 시달렸었다. 임신을 하면 배가 나오고 가슴이 나오고 몸이 망가진다는 생각이 들었었고, 예전처럼 빨리 뛰거나 편안하게 무언가를 할 수도 없고, 게다가 맛있는 음식조차 입덧으로 거부하게 되는 모든 상황이 너무도 수치스럽고 불편했다고 느꼈었다. 민영이를 낳고 나니 마치 자신이 젖소가 된 듯한 느낌이 들었다고 하였다. 배는 출산만 하면 빠질 줄 알았는데 그대로고, 민영이가 우는 소리만 들리면 모유가 줄줄 새는 느낌이 들어 자신이 너무 볼품없고 동물처럼 전락한 것 같다는 느낌이 들었다고 하였다. 그때 엄마는 민영이 자체는 귀엽지만 이 아이로 인해서 내가 포기해야 할 게 너무나 많다고 여기게 되었고, 그렇게는 살고 싶지 않다는 생각을 했다고 하였다.

그 이후부터는 민영이를 예뻐하고 사랑하기는 하지만, 어느 정도의 선을 항상 긋게 되었고, 민영이가 자신이 하고 있는 일에 방해가 되지 않을 때에만 애정과 관심을 주었다. 민영이 엄마의 집은 유복한 편이어서 베이비씨터를 둘 수가 있었는데, 엄마는 손톱을 다듬다가 민영이가 울면 베이비씨터에게 민영이를 봐 달라고 하는 등 민영이와 적당한 선을 두고 생활하는 패턴이 계속되었던 것이다.

내가 매력 있고, 다 가지고 있어야. 그래야 내 존재가 유지되고 인정받는 것이다. 엄마의 머릿속에는 완벽주의적인 생각이 들어가 있었다. 하지만 그 이면에는 불안이 놓여있었다. 완벽주의에 대한 강박, 내가 완벽하지 않으면 사랑받을 수 없다는 생각, 그래서 나한테 가장 중요한 것은 나를 가꾸고 꾸미는 것이라는 미성숙한 논리 밑에는 자신이 그 자체로서 아름답고 인정받을 수 있다는 진정한 의미의 자존감이 없었다. 흠결은 곧 실패이고, 애정의 철회로 이어진다라는 생각 아래에는 사랑을 주는 대상이 없어도 그 평가가 없어도 내 자신이 그대로 인정받을 수 있는 소중한 가치가 있는 존재라는 느낌이 없어 불안했던 것이다.

민영이 엄마는 자신에게 '백설공주 엄마'와 같은 성향이 있다는 것을 알게 되었다. 남들과 어울리고 남들에게 인정을 받는 자신의 모습이 매우 좋은 나머지 아이를 심리적으로 등한시하고 있다는 것을 알게 되었다. 민영이 엄마와는 오랜 기간 충분하게 이런 식의 엄마 태도가 아이에게 미칠 영향에 대하여 상담을 나누었다. 상담을 통해 그동안 민영이에게 잘 해주었다고 생각했었지만, 민영이가 뭔가 부족하다고 늘 불만을 토로했던 것들이 사실은 자신이 민영이보다는 자기 자신에게 더 주목하고 있었기 때문이라는 것을 알게 되었다. 민영이 엄마는 자신이 이러한 '백설공주 엄마'와 같은 면이 있다는 것을 알게 되고는 많이 놀랐고, 이러한 면을 고치기 위해 하루에 한 번씩 아이에 대해서 생각하는 시간을 가지고 아이에 대한 일기를 쓰기로 하였다. '아이가 좋아하는 것, 관심 있는 것, 잘하는 것, 하고 싶어하는 일' 등을 적고 아이의 관점에서 바라볼 수 있도록 노력하였다. 엄마는 자신의 인생에서 자신 이외에도 민영이라는 대상을 통해 얼마든지 성취감과 인정을 느낄 수 있으리라는 것, 민영이를 훌륭한 성인으로 길러 내는 것이 한 여자로서 얼마나 대단한 일인지에 대해 깨닫기 시작하고 민영이의 정서를 잘 이해해주고 민영이를 훌륭한 성인으로 키우는 것에 대한 목표의식을 가지기 시작했다. 민영이를 경쟁의 대상이 아닌 소중한 아이 느낌이 들도록 하고, 민영이에게 더 신경을 많이 쓸 수 있도록 노력하게 되었다.

Chapter 3

'좋은 엄마' 콤플렉스에서 '나'를 구하자

누구나 살면서 강한 정서를 불러오는 경험들을 한다. 예를 들어, 자존심에 상처를 입었다든지, 화가 났다든지, 매우 서러웠다든지, 쓸모없는 사람이 된 듯한 느낌이 들었다든지, 죄책감을 느낀다든지 하는 경험들 말이다. 이러한 경험들이 기억 속에 남으면서 당시에 느꼈던 감정과 결합이 된 상태로 생각의 덩어리로 모여 만들어지는 것이 바로 콤플렉스(complex)이다. 콤플렉스란 "단순하지 않고, 복잡하다."라는 뜻이지만, 스위스의 정신의학자 융(Jung, Carl Gustav)이 발견한 이후 감정에 엉킨 생각의 기억 덩어리들을 칭하는 용어로 사용되었다.

콤플렉스는 그 발견 과정이 재미있다. 융은 사람들에게 여러 개의 단어를 주고 떠오르는 생각을 자유롭게 말하도록 했을 때 특정 단어에서 갑자기 생각이 멈추거나 부자연스러운 내용을 말하는 것을 발견하였다. 과거 경험이 기억에 어떠한 덩어리로 남아 특정 단어를 들을 때 연상이 떠올라 다른 단어를 들었을 때와는 다른 감정적 반응을 보이는 것이었다. 융은 이러한 단어들을 모아 그 사람의 내면에 있는 콤플렉스를 분석하는 데 사용하였다. 예를 들어, "아버지"라는 단어를 듣고는 말이 잘 안 나오거나 갑자기 논리를 잃고 엉뚱한 이야기를 하는 경우는 아버지에 대한 콤플렉스가 있는 것이다.

콤플렉스는 일상생활에서 자신도 모르게 강한 정서적 반응을 일으키거나 생각하는 방식에 영향을 미친다. 그래서 남이 들을 때는 아무렇지도 않은 말에 쉽게 예민해져서 상처를 받거나 버럭 화를 내기도 하는 것도 이 콤플렉스 때문이다.

콤플렉스는 비교적 쉽게 의식이 되는 경우도 있고, 깊게 무의식화되어 알기 어려운 경우도 있다. 깊게 무의식화 될수록 콤플렉스는 강하게 작용을 하고 심각한 문제를 일으킨다. 따라서 내가 가지고 있는 '좋은 엄마 콤플렉스'를 정확하게 알고 분석하는 것은 매우 중요하다고 할 수 있다.

'좋은 엄마'에 대한 콤플렉스는 엄마 자신의 문제에서 시작되어 아이에게까지 영향을 미치는 콤플렉스이다. 이처럼 나 자신의 문제로 시작되어 아이에게로 연결되는 콤플렉스에서 벗어나려면 어떻게 해야 할까?

콤플렉스에서 벗어나려는 방법은 뜻밖에 간단할 수 있다. 우선 시작은 나 자신을 잘 아는 것에서부터 시작한다. 내가 아이의 어떤 행동에 화가 나고, 어떤 반응에 감정이 동요되는지를 잘 살펴봐야 한다. "그냥 아이가 저렇게 행동하니까 당연히 화가 난다."라고 쉽게 넘어가기보다는, "왜 내가 아이의 저런 행동에 화가 나는 걸까?" "나한테 어떠한 문제가 있는 걸까?"라고 생각해보는 게 필요하다.

또한, 평상시에 남이 나에게 늘 해주는 평가가 있다면, 자존심이 상한다고 기분 나빠하기보다는 혹시 그 안에 내가 고쳐야 할 점이 있는가를 찾아보는 태도가 필요하다. 사실 나의 문제나 콤플렉스는 나보다는 남이 더 정확하게 보는 경우가 많기 때문이다. '파나 소닉'을 만든 일본 경영의 신이라고 불리는 마쓰시타 고노스케는 이러한 이야기를 했다. "싫은 이야기, 좋지 않은 말을 듣고 싫은 표정을 짓거나 기분 나빠하면 다른 사람이 다시는 이러한 점을 알려주지 않는다. 싫은 소리일수록 반성하고 개선해야 할 점을 담고 있다."라고 말이다.

나의 문제나 단점을 있는 그대로 바라보는 것은 굉장히 고통스러운 일이다. 하지만 고통 끝에 얻어지는 게 있다고, 나의 콤플렉스를 있는 그대로 바라보고 문제가 되는 부분을 고치려고 노력하는 과정을 통해 콤플렉스가 해결될 수 있을 것이다.

자신의 단단한 껍질을 깨려고 하지 않고 자신의 문제를 인정하지 않는 사람에게는 콤플렉스에서 벗어나는 일은 너무도 어렵다. 하지만 인정하고 수용하는 태도를 보이고 노력하면 뜻밖에 쉽게 발견하고 고칠 수 있는 게 콤플렉스이다.

'좋은 엄마' 콤플렉스를 벗어나는 것은 우선 나 자신에게 도움이 된다. 그동안 대인 관계에서 힘들고 어려웠던 부분들이 해소되는 경험을 할 수 있고, 자신의 내면에 항상 답답하고 맺혀있던 무언가가 풀리는 기분이 들면서 삶에 대한 만족감이 높아지거나 자신에 대한 자신감이 상승하는 경험을 하기도 한다. 그리고 더 중요한 것은 콤플렉스에서 벗어날수록 그동안 나 때문에 아이에게 영향을 미쳤던 많은 것들이 달라지고, 그로 인해 아이의 정서나 심리발달에 좋은 영향을 미치게 된다는 것이다.

나를 위해, 나의 아이를 위해 '좋은 엄마' 콤플렉스에서 '나'를 구하는 것이 필요하다.

완벽한 엄마가 되려는
강박증에서 벗어나기

초등학교 3학년 때 미국 아이가 옆집에 산 적이 있었다. 그 집에서는 큰 항아리에 주스를 넣어놨는데, 한번은 그 아이가 엄마 대신 주스를 작은 병에 옮겨 담는 것을 본 적이 있다. 담는 동안 주스가 병 주변에 묻기도 하고 식탁 바닥에 지저분하게 흐르기도 하였다.

엄마는 아이가 끝까지 다 따를 때까지 옆에서 아무 말 없이 미소를 지으며 바라보고 있었다. 그리고 긴 시간이 흘러 다 따르자 아이는 엄마에게 자랑스러운 얼굴로 안겼고, 엄마는 칭찬해 주었다. 어린 나로서는 충격적인 장면이었다. 적어도 보통 우리네 집에서는 보기 어려운 장면이었기 때문이다. 보통 우리네 집이라면 엄마가 아이가 흘리면 잔소리를 하거나 혼을 냈을 게 뻔했기 때문이다. 그 미국 엄마는 옆에서 아이를 얼마나 대견해하며 바라보던지, 우리 엄마들이라면 아마 "어이구, 저거 저러다 다 쏟겠네."라고 바라보았을 시선이 떠올라 일종의 문화적인 충격을 받았던 경험이 있다.

그 미국 엄마는 집안을 깨끗하게 유지하는 것보다 아이가 미숙하더라도 스스로 해보는 경험을 가지게 하는 것이 중요하다고 생각했던 것 같다.

어떤 엄마들은 아이를 키우는 데 있어서 조금이라도 맘에 안 드는 일이 생기면 자신을 책망하거나 아이를 달달 볶는 경우가 있다. 완벽주의적인 면이 있는 엄마들인데, 이런 엄마들은 청소도 깨끗하게 해 놓고는 먼지 하나 떨어질세라 전전긍긍한다. 엄청나게 반짝거리는 거실에 먼지 하나 묻으면 바로 걸레로 닦고야 만다. 천의무봉(天衣無縫). 무결점의 작품에 흠집이라도 나는 것은 용서할 수 없다는 태도이다.

아이를 키울 때도 이러한 완벽주의적인 엄마들은 아이를 피곤하게 만든다. 영아기에는 먹는 것, 입는 것 등 어느 하나 소홀히 하지 않는다. 유아기에 접어들어 학습할 수 있어질 때부터는 아이가 학습을 일정대로 딱딱 소화해야 기분이 풀린다. 아이가 그 안에서 깨달음과 목적의식을 얻느냐하는 본질적인 측면보다는 내가 정해준 일정대로 착착 진행되어가고 있는지가 더 중요하다. 시간표에 동그라미가 채워져 있으면 스스로 만족한다. 주변 아이들의 성장 발달과 사교육 등을 비교하면서 우리 아이를 나름의 최고의 환경 안에서 키우고자 엄청나게 신경을 쓴다.

이러한 완벽주의적인 엄마가 한계를 절감하고, 붕괴하기 시작하는 때는 초등학교 저학년을 벗어나면서부터이다. 그전에는 아이가 엄마의 일정대로 말을 듣고 움직이는 존재였다면, 이제는 아이 스스로 생각을 하기 시작하면서 선호하는 바가 명확해지고, 자기주장이 세지고, 주관대로 하고 싶어 하는 경향이 강해지는 것이다. 그리고 내적인 동기가 없이는 학습과 반복 훈련의 험난한 산을 넘어가기가 너무나 힘이 드는 시기이다. 뒤에서 등 떠밀어서 산을 넘기에는 산의 크기가 너무 큰 것이다.

완벽하지 않으면 잘못된 것이라는 생각이 완벽주의를 만든다. 완벽을 추구하는 사람들은 자신의 단점과 한계를 마주할 용기와 자신감이 없는 경우가 많다. 왜냐하면, 자신의 단점과 마주한다는 것은 자신이 실패했다는 뜻으로 받아들여져 너무나 고통스럽기 때문이다. 고통스럽게 완벽주의를 추구하는 사람들은 역설적이게도 '바로 앞'의 고통을 마주할 힘이 없는 사람들이다. 그들은 자신의 한계와 단점을 직면했을 때 자신이 놀라 충격 속에서 헤어 나오지 못하리라는 것을 안다. 자신을 그동안 지탱해 왔던 기둥이 와르르 무너져 내리리라는 것을 안다. 그래서 보지 않으려고 완벽주의 뒤에 자신의 참모습을 숨긴다. 만약 사람들이 자신의 볼품없는 참모습을 알게 되면 틀림없이 무시하거나 어쩌면 자신을 쓸모없는 사람으로 여겨 더는 관심을 두거나 사랑하지 않을지도 모른다는 생각에 숨기려고 한다.

아이와의 관계에서도 마찬가지다. 너무나도 '좋은 엄마가 되어야겠다.'는 마음가짐을 가진 엄마들, 아이에게 절대적으로 좋은 엄마여야만 한다는 완벽주의적인 시각을 가진 엄마들은 자신이 완벽하게 좋은 엄마 노릇을 할 때에만 아이가 자신을 사랑할 것이라는 비논리적인 두려움을 가지고 있다. 엄마의 역할을 등한시하거나 소홀히 하게 되면 아이에게 너무나 죄책감을 느끼게 되고, "아이가 나를 엄마로서 인정하지 않거나 싫어할 수도 있다."는 생각을 하기도 한다.

그러나 아이에게 엄마란 존재는 좋은 엄마이기 때문이 아니라 그저 엄마이기 때문에 좋은 것이다. 아이는 내가 완벽한 존재가 아니어도 나를 있는 그대로 받아들여 줄 존재이다. 완벽하지 않으면 버림받을 것이라는 믿음을 가지게 된 것은 어쩌면 친정엄마의 태도 때문이었을 수도 있다. 항상 엄마의 눈치를 보고, 주눅이 들고, 남과 비교당하고, 일정대로 하지 않으면 혼이 나고, 잘 하지 않으면 의미가 없다는 메시지를 받는 등의 양육을 받았다면 아마도 강박적인 완벽주의에 빠지거나 아니면 완벽주의에 지쳐 어느 순간 아예 게으르게 아무것도 하지 않으려고 하는 양극단의 모습을 보일 수 있다.

이 세상에 절대적으로 완벽한 엄마는 없다. 절대적인 무언가를 가지고 있는 인간이란 없는 것처럼 말이다. 소크라테스도 "내가 가장 지혜로운 사람인 이유는 내가 지혜롭지 않다는 것을 알기 때문이다."라고 하였다. 절대 선이 아닌, '있는 상황'에서, 인간으로서의 한계 속에서 최선을 하는 엄마의 모습이 아름다운 것이다. 완벽주의의 껍질을 벗고 상처받기 쉽지만, 그 자체로도 아름다운 나의 속살을 인정하고 바라보자.

'내 엄마'의 굴레에서 벗어나기

만 36개월 된 민정이 엄마는 맞벌이로 바쁘다 보니 민정이가 태어났을 때부터 거의 모든 양육을 친정어머니에게 맡겼다. 먹는 것부터 시작해서 입히는 것, 예방접종 일정까지 민정이에 관한 모든 것을 민정이 엄마보다도 외할머니가 더 잘 알았고, 모든 의사결정도 외할머니가 다 했다.

그런데 민정이가 갓난아기 때에는 큰 문제가 아니었는데, 자라면서 부작용이 나타나기 시작했다. 민정이가 엄마는 안 따르고, 외할머니한테만 집착한다고 하였다. 엄마가 민정이를 조금만 혼내거나 야단치면 "엄마 가, 엄마 싫어"라고 울거나 말을 안 듣고 외할머니만 찾는다고 하였다. 아프거나 힘들 때도 외할머니만 찾고, 잠도 외할머니와 자려고 떼를 썼다. 엄마는 민정이가 자기를 안 따르는 것을 보고 처음에는 많이 울었지만, 생활이 너무 바쁘다 보니 민정이의 일거수일투족을 잘 모르기 때문에 완전히 육아를 맡을 수도 없다고 생각하며 속만 끓이고 있었다. 바쁘다는 핑계로 친정어머니에게 모든 것을 맡겨버린 것 아닌가 고민도 되지만 정작 육아를 전적으로 맡기에는 부담도 많다.

친정어머니와의 관계도 소원해졌다. 친정어머니는 평소에 민정이를 돌보는 것이 무척 힘들다고 하소연했다. 그러면서도 또 한편으로는 민정이 엄마가 "앞으로 육아에는 관여하지 말라"고 말하면 너무 서운해 하였다.

민정이 엄마는 아이와 친정 어머니 사이에서 옴짝달싹 못하는 자신의 모습이 한심하게 느껴졌다.

상담하다 보면 민정이 엄마와 같은 문제를 호소하는 경우가 많이 있다. 주로 친정어머니가 강하고 주도적이며, 육아를 도맡아 하는 경우 이런 문제가 자주 벌어진다.

민정이 엄마는 아이를 낳기는 했지만, 아직 엄마가 될 충분한 심리적 성숙은 이루어지지 않았다고 볼 수 있다. 그래서 엄마의 역할을 자신의 친정어머니에게 내주는 것이다. 엄마라는 존재는 아이를 낳는 순간 완성되는 존재가 아니다. 임신 중에는 아이만 낳으면 다 해결될 것 같은 생각이 들지만, 아이를 키우면서 함께 성장하는 존재가 엄마이다.

임신하고 출산을 하면 당연히 십수 년의 매우 오랜 기간 아이를 양육해야 하는 시기가 찾아온다. 여성의 인생에서 매우 기나긴 시간을 차지하는 양육의 시기는 아이만 쏙 낳고 피할 수도 대충 아무렇게나 할 수도 없는 중요한 시기이다. 인간의 발달 과정을 연구한 마거릿 말러(Margaret Mahler)는 진정으로 어른이 된다는 것은 인생 전반에 걸쳐 자신의 부모에 대한 의존성을 버리고 진정으로 분리 개별화하는 과정이라고 이야기하였다.

엄마가 되기까지는 수십 년 동안 온갖 과제와 어렵고 힘든 일을 겪어야 한다. 이런 험난한 과정들을 하나씩 경험하고 현명하게 해결해 나가면서 비로소 엄마이자 어른이 된다고 볼 수 있다.

민정이 엄마 같은 경우도 있지만, 어떤 엄마들은 반대로 친정어머니에게 단 한 번의 도움을 받지 못하고 아이를 미워하는 일도 있다. 아이를 낳고 나서 아이가 너무 밉다고 하는 경우가 있다. 자신을 닮은 아이를 보면 너무나 싫다고 한다. 아이가 어린 시절의 자신과 똑같은 모습을 보일 때 왠지 모를 화가 나고 괜히 아이가 꼴보기 싫은 경우라면 어린시절 마음속의 앙금이 남아 있어서일 가능성이 있다.

나에게 화만 내고 예뻐해 주지 않았던 친정 엄마의 모습에 상처를 받아서 아이와 놀고 있을 때 감정 전달이 잘 안 되는 문제를 보이기도 한다. 아이와 차분하게 사랑스러운 감정을 주고받으면서 조용하고 안정적으로 시간을 보내고 있으면 불현듯 마음이 불안해지고 저렇듯 평화롭게 놀고 있는 아이의 얼굴이 갑자기 얄미워 보이면서 '쟤한테 화를 내면 반응이 어떨까? 때리면 어떤 반응을 보일까?' 라는 생각이 든다. 조용하게 놀면 괜히 심술이 나게 되고, 아이가 문제를 일으켜 화를 내고 나면 그제야 아이를 달래주고 안쓰러운 마음이 들게 된다. 이성적으로는 이해할 수가 없다.

이렇게 민정이 엄마처럼 제대로 엄마 역할을 하지 못하고 친정어머니에게 지나치게 의존하게 되는 경우나, 친정어머니가 자신에게 사랑을 충분히 주지 않았기 때문에 자식을 낳은 후에 자식이 미워지게 되는 경우나 이 두 경우 모두 자신의 엄마로부터 받은 심리적 영향의 굴레에서 벗어나지 못하고 있기 때문이다.

그렇다면 '친정엄마'의 굴레에서부터 해방되기 위해서는 어떻게 해야 할까?

첫째, 자신 있게 "내가 엄마다."라는 마음을 가져야 한다. 아직도 친정어머니에게 어려운 일을 의지하고 싶고, 누가 나를 돌봐주었으면 하는 어린 마음가짐이 있다면 이것부터 극복해야 한다. 아이 양육이란 어려운 것이라는 두려움도 벗어던져야 한다. 힘들다고 아이 양육의 기본적인 사항을 친정어머니에게 떠넘겨서는 안 된다.

둘째, 아이와 애착을 늘리기 위한 수단을 취해야 한다. 아이에게 다양한 관심을 보여주고 애정 표현이나 신체접촉도 강도를 높일 필요가 있다. 엄마와 아이만의 규칙이나 놀이 등을 정하는 것도 한 방법이다. 아이가 필요할 때 옆에 있어주고, 안심시켜 줄 수 있도록 하는 것이 중요하다. 세대를 통해 잘못 전달된 애착 문제가 있는 경우라도 아이와 나와의 관계를 돈독하게 다시 만들 수 있다. 제대로 양육하는 것이란 아이 개개인의 특징에 양육자가 스스로 맞춰가는 것이다.

셋째, 아이와의 관계에서 잘 해결되지 않고 반복적으로 나타나는 특정 문제가 있다면 혹시 나와 친정어머니와의 관계에서도 똑같은 일이 일어나고 있지는 않은지 살펴봐야 한다.

한 연구에 의하면 모성의 대물림에서 자신을 돌아보고 성찰하는 것만으로도 약 75%는 문제를 극복할 수 있다고 한다.

넷째, 친정어머니에게 화가 나고 서운한 감정이 들면, 친정어머니를 이해하려고 노력해보자. 어머니의 시대적 상황을 이해하면 어머니를 비난하고 원망하기보다는 어머니도 시대의 희생양이었다는 것을 알게 될 것이다. 어머니도 그러고 싶어서 그런 것이 아니라 당신도 그렇게 길러졌기 때문에 그런 것이다. 아이를 예뻐하지 않아서가 아니라 그 방법을 배우지 못했던 것이고, 너무나 각박한 현실에 먹고 사는 문제조차 힘들었기 때문이었다. 가부장적인 부친은 밖으로만 돌고, 모친은 억압받는 여성의 삶을 살았으며, 남자 형제들과 비교당하며 무시 받고 자랐던 친정어머니의 삶을 이해하면 오히려 밉고 섭섭한 마음보다는 불쌍하고 안타까운 마음이 들게 된다.

엄마의 굴레에서 벗어나 대물림을 끊자. 어린 시절에는 내가 선택할 수 있는 부분이 없었지만, 이제는 과거의 습관에서 벗어나 내가 어떻게 할지를 선택하고 책임을 질 수 없다. 좋은 엄마를 두지 못했다고 해도 좋은 엄마가 될 수 있다는 점을 명심하자.

다른 사람들의 관점을 이해하자

중학교 2학년인 석영이의 엄마는 아이랑 소통되지 않는다고 불만을 토로했다. 엄마가 얘기하면 듣지 않고 짜증만 부려 도대체 대화가 되지 않고, 처음에는 좋게 시작을 하다가도 결국에는 서로 감정싸움이 되거나 목소리가 커지면서 끝이 난다고 하였다. 석영이 엄마는 도대체 뭐가 문제인지 모르겠다고 이야기하였다. 엄마는 석영이의 관점을 이해하지 못하고 자신의 견해에서만 이야기하는 게 문제였다.

다른 사람의 관점을 이해하지 못하는 엄마는 좋은 엄마가 될 수 없다. 아이의 마음을 잘 이해하기 위해서는 나와 다른 사람의 관점을 수용해야 한다. 엄마는 아이의 마음을 담는 그릇이어야 한다. 마음을 비워야 아이의 마음을 담을 수가 있다. 어떠한 일이 있더라도 어떠한 감정이 나오더라도 그 모든 것을 다 담아둘 수 있는 그릇이 되어야 한다. 그러면서도 민감한 청각의 소유자가 음이 하나라도 바뀌면 알아채는 것처럼, 미각이 매우 발달해서 음식의 재료가 하나라도 달라지면 금세 알아채는 것처럼, 우리 아이의 마음에 대하여 안테나를 세우고 민감하게 들으려고 노력해야 한다.

선천적으로 이러한 능력이 잘 발달하여 있는 엄마도 있지만, 진짜 둔한 엄마도 있다. 그런 엄마들은 아이 마음을 읽어주라고 하면 "아무리 노력해도 안 된다."라고 한다. '아이가 이래서 그렇다, 저래서 그렇다.'며 아이 핑계를 대기도 한다. 옆에서 보면 다 보이는 아이의 마음이 엄마는 옆에서 지켜봐도 모르겠다고 한다. 아이가 마음이 답답하다고 하는데도, 엄마는 그 마음은 알아주지 못하고 '왜 말을 해줬는데도 저러냐.'며 답답해할 뿐이다. 뭐가 답답한지를 모르는 것이다.

다른 사람과 소통하려고 하면, 먼저 그 차이를 인정해야 한다. 아이와 소통하기 위해서는 아이와의 차이를 먼저 인정해야 한다. 내가 생각하는 것만큼 아직 아이는 뭔가에 대해 깊이 생각하고 그 생각을 잘 표현하는 능력이 없을 수도 있다는 것을 알아야 한다. 내가 바라보고 느끼는 것과 똑같이 보고 느끼지 않을 수 있다고 인정하는 것이 우선은 출발점이다. 다르니까 잘못되었거나 이상한 게 아니라, 다르니까 알아보려고 노력해야 한다.

다음으로는 아이의 표정과 행동을 잘 관찰하면서 스스로 질문을 해 봐야 한다. '아이가 왜 화가 났을까? 아이는 무슨 생각을 하고 있었을까? 아이는 어떤 감정을 느꼈을까?' 아이에 대해서 다 알고 있다고 미루어 짐작하지 말고 전혀 모르는 남에 대해서 탐구하는 것처럼 한번 생각해보는 것이 필요하다.

 마지막으로 아이에게 직접 물어보는 것이 필요하다. 아이가 그랬을 것이라고 짐작하는 것보다는 직접 질문을 하면 일어난 사건에 대해 더 많은 정보를 얻을 수 있다. 아이가 겪은 일을 되도록 생생하게 질문함으로써 아이가 어떠한 상황에서 어떠한 반응을 보인 것인지에 대해 객관적으로 이해할 수 있게 되며, 아이 입장을 더욱 자세하게 알아볼 수 있다.

 아이의 입장을 바라보는 것을 연습하는 쉬운 방법으로는 엄마와 아이가 역할을 바꾸어보는 것이다. 예를 들어 무슨 옷을 입을 것인지 등에 대해서 아이와 사소한 일에 의견 차이가 생겼다면 몇 분 동안 서로의 역할을 바꾸어 이야기해보는 것도 좋다. 그러면 왜 아이가 그런 식으로 행동하는지를 이해하기가 더 쉽다. 그리고 아이도 엄마가 왜 그렇게 이야기했는지를 더 잘 알게 된다. 동화책을 읽을 때에도 주인공뿐만 아니라 조연들의 입장과 생각 및 느낌 등을 아이와 함께 토론해 보고, 다음 장을 넘기기 전에 다음에는 어떤 일이 일어날 것인지에 대해 예측해보는 것도 좋은 훈련 방법이다.

 공자는 "귀로 듣지 말고 마음으로 들어라, 귀는 고작 소리를 들을 뿐이지만, 마음을 넘어선 기(氣)는 타인과 마주치는 것이다."라고 하였다. 귀로 아이가 하는 말의 뜻만 듣기보다는 그 말 너머 아이의 마음을 이해하고자 하는 것이 필요하다. 그동안 아이의 관점에서 이야기를 들어주고, 아이의 입장을 늘 충분히 이해하려는 노력했는지를 되새겨보자.

어떠한 문제는 시대적, 문화적 배경 속에서만 의미가 있는 경우가 많다. 상황이 변하거나 시간이 지나면 얼마든지 가치 기준이 바뀔 수 있다. '밥은 손으로 먹으면 안 된다.'는 예의범절은 다른 나라에 가면 바뀔 수도 있다. 공자는 예(禮)에 대해서 물어보는 사람에게 그 정의를 다 다르게 이야기해주었다. 황희 정승도 집안에서 여종들이 다툼이 있자 "네 말도 옳다, 네 말도 옳다."고 하였다.

육아에서도 다른 것을 받아들이는 수용성이 필요하다. 변화하는 것을 받아들이고 수용할 줄 알아야 한다. 커가면서 아이의 세계와 엄마의 세계가 맞부딪치는 그 순간에 엄마는 아이의 세계를 있는 그대로 받아들이고, 그 대상이나 결과에 집착하지 않아야 새로운 것이 창조될 수 있다. 역설적으로 아이가 반항할수록, 내 말을 안 듣겠다고 하면 할수록 '아이의 판단력과 취향이 자랐구나.'라고 기분 좋게 받아들이는 것이 필요하다.

아이가 실수했다고 혼내거나 "고집부리지 말고 해 주는 대로 가만히 있어."라고 윽박지르면 아이는 위축되고 자율성은 더 줄어들게 된다. 또 아이가 스스로 하다가 실수를 했을 때 "내가 너 그럴 줄 알았다."라고 빈정대는 것도 아이의 자존심에 큰 상처를 입히는 일이기 때문에 피해야 한다. 실수하더라도 혼자서 시도한 것을 칭찬해 주고, 마무리할 수 있도록 격려해 주는 것이 중요하다.

나의 문제를 남의 눈으로 보자

아이를 기르는데 짜증이 나고 화가 난다면, 이것은 아이의 문제이라기보다는 나의 문제일 가능성이 있다. 이럴 때는 나의 문제를 객관화시켜서 볼 수 있는 능력이 있으면 도움이 된다. 내가 왜 화가 났는지를 그 감정에 빠져서 생각하기보다는 이성적으로 객관화시켜서 보는 것이 중요하다.

아이에게 하는 행동을 제3자의 눈으로 바라보면 그동안 보지 못했던 부분이 보이게 된다. TV에 출연하게 되어 나와 우리 아이의 일상을 방송으로 내보낸다고 생각해보자. 만족스러운가? 고칠 점은 없는가? 아마도 지금 당장 일어나서 어지러운 거실도 치우고, 아이에게 대하는 태도도 바꾸어야 할 것이다.

코넬 대학의 토마스 길로비치 교수는 편향확증(confirmation bias)이라고 하여 자신이 그렇다고 믿는 대로 증거를 찾는 경향에 관해 이야기하였다. 자신의 신념을 확증해주는 증거는 쉽게 받아들이고 자신의 신념과 반대되는 증거는 무엇이든지 무시하거나 보지 않으려고 한다는 것이다. 따라서 자신이 이미 가지고 있는 믿음의 눈으로 살펴보기보다는 객관적인 시각으로 바라보면 과거의 불행한 기억도 효과적으로 회복할 수 있다고 하였다. 즉, 과거의 우울했던 순간을 자신의 눈으로 회상하면 그때의 느낌이 되살아나 우울해지지만, 객관적인 남의 눈으로 회상하면 편향확증에서 벗어나 별일이 아닌 것처럼 여겨질 수 있다는 것이다.

  엄마로서 자신감이 떨어지고 갑자기 우울감이 엄습할 때에도 위의 실험처럼 자신을 객관적으로 바라보면 도움이 된다. 최대한 멀리서 남의 눈으로 자신을 생생하게 바라볼수록 내가 느끼는 두렵고 파국적인 감정들이 사실은 별것 아닌 거에서 비롯되었다는 것을 알게 된다. 만약 남이 같은 상황을 겪고 있는 것을 내가 본다면 나는 그 사람에게 '별것도 아니니까 그냥 잊어버려'라고 얘기할 상황이라는 것을 알게 된다.

  또 아이 때문에 갑자기 화가 솟구치고 주체할 수 없이 분노가 치미는 순간에도 남의 시선에서 객관화시키는 방법은 그러한 감정이 적당한 수준인지를 분별 있게 파악하는 데 도움이 된다. 대부분은 남의 시선으로 바라보면 그 정도까지 화를 낼 필요가 없다는 결론에 도달하게 된다.

"아이가 거짓말하는 상황을 바라보면 그냥 갑자기 화가 치밀어요. 저는 다른 건 다 참을 수 있는데, 아이가 거짓말하는 것은 못 참아요." 초등학교 2학년 남자아이를 둔 엄마의 이야기다. 아이가 다른 애들한테 천 원짜리 장난감을 만 원짜리라고 얘기하는 것을 듣자마자 엄마는 화가 치밀었다고 한다. 엄마는 아직도 그때를 생각하면 화가 나고 아이가 미워진다고 했다. 엄마에게 아이가 왜 그랬을까를 물어보았다. "애가 거짓말하는 게 습관이 되었어요."라고 대답하던 엄마는 재차 아이의 마음을 생각해 보도록 문자 "인정받고 싶은 마음이겠죠. 뭔가 자신이 부족하다고 여겨서 그럴지도 모르겠네요."라고 대답했다.

엄마가 아이의 상황을 객관적으로 살펴보면 아이의 마음이 이해가 되고 엄마의 감정도 부드러워진다.

양육에서 자신과 아이의 문제가 있으면 아이 혹은 문제 자체를 객관적으로 바라보는 것만으로도 긍정적인 변화가 일어나는 데 도움이 된다.

'내 코가 석자'여도
좋은 엄마가 되려고 하자

가끔은 정말 철없는 엄마를 만나기도 한다. 삼십 대 중반의 엄마가 딸을 데려와서는 자신의 신세 한탄을 한다. 애만 아니면 자유롭게 살았을 거라는 둥, 지금이라도 애가 없으면 공부를 하러 유학을 갈 거라는 둥의 이야기이다. 아이는 옆에서 주눅이 들어 그 이야기를 듣고 있는데, 엄마는 자신의 이야기에 몰두한다. 자기의 고민, 자기의 감정 등에 관한 이야기가 끝이 없다. 아이 문제는 간단하게 자신과 연관될 때에만 나온다. 물론 한 인간으로서 자신에 대해 더 많이 알기를 갈망하고 더 나은 자기 발전을 도모하는 것은 고무적인 일이다. 다만 그러한 생각이 지나치게 자리 잡고 있어서 생활의 모든 면에서 자신이 우선시 되고, 자식의 문제는 구석으로 내몰린다면 문제가 된다.

엄마라는 존재가 되었다면 어쩔 수 없이 따라오는 것이 엄마 역할을 다 해야 한다는 책임감이다. 지금 내 입장이 힘들다고 그때그때 상황에 따라 달라지면 안 된다. 감탄고토(甘呑苦吐)처럼 아이가 사랑스럽고, 키우는 게 힘이 들지 않을 때에는 예뻐하고, 아이에게 문제가 있거나 내가 힘이 들 때는 아이 키우는 것을 원망하거나 아이를 미워하면 안 된다. 또 자기 문제에 빠져서 아이의 문제를 등한시해서는 안 된다.

엄마라는 존재는 구속과 희생이 따르는 존재라는 것을 인식해야 한다. 이 세상의 모든 어미라는 존재는 자기의 새끼를 위하여 배고픔을 참고, 졸림을 감수하고, 목숨을 담보로 먹이를 구하고 새끼를 지킨다. 아무런 마음의 준비도 없이 엄마가 되었다고 하더라도 엄마 역할을 하기 싫다고 도리질을 하여도 어쩔 수 없이 해야만 하는 운명이 되는 것이다.

삶의 수레바퀴는 우리를 아이에서 어른으로 만든다. 그리고 소녀가 엄마가 되었을 때 삶의 수레바퀴는 어른이 되기 위해 지나야 할 길로 우리를 인도한다. 아무리 싫어도 매일 밥을 먹고, 노동하고, 삶을 영위하기 위한 에너지를 써야 하는 것처럼 엄마가 된 이상 우리에게 더 이상의 소녀 시절은 없다.

왜냐하면, 그것이 우리가 인간으로서의 발달 과제를 완전히 수행하는 길이기 때문이다. 인생의 긴 여정 속에서 삶이 우리에게 부여한 인간 발달의 궁극적인 목표를 깨닫고 성장하고 자아실현을 이루는 경험을 하는 것이 필요하기 때문이다. 그래야만 인생이 풍

요롭고 완전한 충만감을 느낄 수 있기 때문이다.

　삼십 대 중반의 철없는 엄마는 상담을 통해 서서히 변화되어 갔다. 아이가 겪는 심리적인 문제와 상황들을 충분히 알게 되면서 아이가 자신의 태도 때문에 힘들어하고 있다는 것을 알게 되었고, 아이라는 존재가 자신에게 주는 기쁨, 만족감 등의 긍정적인 감정에 초점을 맞추어 아이를 양육하면서 느끼는 것들이 나 자신의 인생에도 크나큰 도움이 된다는 것을 알게 하였다.

　'나 자신을 위해 사는 게 뭐 어때서, 어른이 꼭 되어야 하는 것은 아니지 않아?' 이렇게 생각하며 자신 앞에 주어진 숙제를 애써 외면하고 싶을 수도 있다. 하지만 그런 삶을 사는 것은 자신뿐만 아니라 주변 사람들을 힘들게 할 수 있다. 또한, 만성적인 공허함과 불만족에 싸이게 된다. 아무리 힘들어도, 또 거부하고 싶다고 해도 엄마가 된 이상 소녀에서 어른이 되어가는 고통스럽지만 아름다운 과정에 참여하도록 하자.

항상 공부하고
자기수양을 하는 게 필요하다

어떤 엄마들은 자녀를 어떻게 양육하는 것이 바람직한지에 대해서 고민하고 물어보면서도 정작 그에 대한 공부는 소홀히 하는 경우가 있다. 병원에 내원하여 아이에 대해서 여러 가지 고민거리를 털어놓고 어떻게 하면 좋을지를 상담하면서 스스로 해야 할 노력을 소홀히 하는 예도 있다. 누군가가 쉽게 알려주기를, 이러한 방법으로 하라고 바로 가르쳐주기를 원하기도 한다. 그러나 아이 양육과 관련된 부분도 역시 다른 공부처럼 열심히 끊임없이 해야 하는 경우가 많다. 다양한 책을 읽어보고 강의도 들으면서 내가 미처 몰랐던, 혹은 알면서도 잘 고쳐지지 않았던 부분들을 알게 되고 수정할 수 있게 된다.

아이를 낳고 기르는 과정은 그동안 자신이 깨닫지 못했던 자신의 내면에 대한 진정한 이해를 가르쳐 주는 새로운 과제이자 공부

과정이다. 자신의 아이를 낳아 기르다 보면 어떻게 해야 하는 것인지, 어떤 것이 좋은 것인지에 대해서 배운 적이 없지만, 엄마들은 각자의 스타일과 패턴을 가지고 양육을 하게 된다.

아이를 사랑하고 돌보게 하는 본능적인 힘과 더불어 자신이 어린 시절 길러져 왔던 그 방식 그대로 실천하게 된다. 그것은 미분이나 적분 계산이라든지, 영어공부 같은 지식과는 다른 것이다. 말로 설명할 수도 없고, 많은 경우 기억이 나지도 않는 그러한 경험적 지식이 뇌의 저 깊은 곳에 저장되어 있다. 가정에서 나의 태도, 무심결에 나오는 말투나 행동, 감정 등의 습관이 바로 그러한 과거의 경험에서 쌓여왔던 정보에 의해 나도 모르게 나오게 되는 것이다.

아무리 많이 공부한 사람이라고 해도 꾸준히 공부하지 않으면 발전을 할 수가 없다. 자신이 아는 것이 진리이며 끝이라 생각해서 공부를 멈추는 순간 그 사람이 알고 있는 지식은 빛을 잃고 만다.

공부는 언제 시작하느냐가 중요한 게 아니다. 공부는 언제 끝내느냐가 훨씬 더 중요하다. 숫자나 한글 또는 영어 등의 지식을 다른 사람보다 빨리 깨우치는 것은 중요하지 않다. 나이가 들어도 지속해서 책을 손에서 놓지 않고, 자신의 부족한 점을 꾸준히 공부해 나가는 사람을 이길 수 있는 사람은 아무도 없다.

엄마도 마찬가지이다. 자연이 나를 엄마로 만들어 놨으니 그저 본능이 시키는 대로 알아서 양육할 수 있을 거라고 생각하면 오산이다. 우리는 그저 한 생명이 탄생해서 거쳐 가는 정류장 역할을 하는 것이 아니다. 아이라는 존재는 매일 우리와 마주하며 우리의 정신과 영혼과 교류하는 훌륭한 사상과 감정을 지닌 대단한 존재이다. 그 대단한 존재에 맞게 좋은 이야기와 풍부한 감성을 교류하기 위해서는 부단히 공부해야 한다.

엄마로서의 사명감으로 내가 하는 일이 인류를 위하는 일이라는 원대한 목적의식을 가져야 한다. 우리 아이가 커서 인류에 도움이 되는 사람이 될 것이라는 생각을 하고 말이다. 아이를 어떻게 키울지에 대해서 또 공부해야 한다. 다만 현대 사회에 필요한 갖가지 전략들에만 눈을 돌릴 것이 아니라 진정한 의미의 교육과 양육을 고민해야 한다.

나는 아이를 어떻게 바라보고 있는지, 아이를 어떤 사람으로 키우기를 원하는지, 왜 그런 사람이 되었으면 좋겠다고 생각하는지, 그러기 위해 내가 고쳐야 할 점은 무엇인지, 고치기 위해 어떤 방법을 사용해야 하는지 반성하고 기르는 것이 필요하다.

아이라는 존재는 끝없이 손이 가고 관심을 보여야 하는 대상이다. 아이가 어릴 적 몇 년만 신경 쓰면 그 뒤에는 내버려 둬도 알아서 크는 존재가 아니다. 영아에서 걸음마기로, 학령기에서 청소년기로 성인이 되기 전까지는 계속해서 돌봐주고 아이의 발달 단계에 맞추어 엄마의 역할을 바꾸면서 돌봐주어야 한다.

이러한 공부는 크게 어려운 것이 아니다. 좋은 글을 읽고 마음을 다스리는 훈련 등을 꾸준히 하면 된다. 정해진 한 가지 방법은 없다. 종교적인 공부로 접근할 수도 있고, 인문고전을 읽거나 다큐멘터리를 보는 것으로도 부족한 부분을 돌이켜 보고 성장하는데 도움이 될 수 있다.

노자는 선 가운데서도 가장 좋은 선을 물과 같다고 하였다. 물은 모든 생명을 잘 자라게 도와주지만, 굳이 높은 곳에 있으려고 애쓰지 않는다. 사람들이 낮고 더럽다고 생각하는 곳에 스며들어 그곳을 깨끗하게 만들어주고 생명이 자라도록 도움을 준다. 엄마의 마음도 물과 같아야 하지 않을까? 가정 내에서 어렵고 힘이 들고 어쩌면 낮은 위치일 수도 있는 곳에서 아이가 잘 자랄 수 있도록 밑거름이 되어주고 정화해 주는 그러한 존재가 되어야 하는 것은 아닐지 생각해봐야 한다. 물은 화를 내지도 않고, 왜 이렇게 내가 가는 곳이 지저분하고 힘드냐고 남이나 환경을 타박하지도 않는다. 좁은 공간이라면 좁은 공간대로, 휘어지고 구불구불한 곳은 또 거기에 맞게 자신을 낮추고 맞추어 도와주는 역할을 한다. 완벽할 수는 없겠지만, 엄마는 물과 같은 도덕률을 가질 수 있도록 항상 공부하고 노력해야 한다. 아마도 상선의 상태가 되는 것보다도 그렇게 되기 위해 노력하는 그 과정이 더 소중하고 의미가 있지 않을까 싶다. 아마도 이 책을 읽고 있는 독자 엄마들은 숙제를 잘 해나가고 있다는 생각이 든다. 아이를 어떻게 양육할지에 대한 고민이 있기에, 그리고 그 고민을 끊임없이 공부하며 학습하고 발전해 나가기 위해서 이러한 책을 읽는 등의 노력을 기울이기 때문이다.

항상 언제나 그 자리에 있는 아름드리나무와 같이

중학교 3학년인 미연이는 집에서 벗어나는 것을 두려워했다. 어린 시절 엄마가 직장을 나가 항상 집에 없었고, 생각나는 최초의 기억은 유치원에서 돌아와 헝클어진 머리를 언니가 빗겨줬던 기억이었다. 미연이의 유년기 기억 속에는 항상 엄마가 없는 어두운 배경이 남아 있다. 미연이는 엄마가 사고가 나지 않을까, 바람을 펴서 재혼하지 않을까, 엄마가 죽지 않을까, 병에 걸리지 않을까 하는 두려움이 항상 자리 잡고 있었다. 이성적으로는 말이 안 되는 소리라는 것을 본인도 너무 잘 알고 있지만, 엄마와 떨어져 있으면 불안하고, 이상하게 같이 있어도 불안했다. 미연이는 엄마가 항상 내 옆에 단단하게 듬직하게 어떠한 일이 있어도 있을 것이라는 믿음이 없었다. 어린 시절부터 나에게는 관심이 별로 없고, 늘 밖에 더 재미있는 게 있으면 그쪽으로 날아가 버릴 것 같은 느낌이 들었으며, 엄마가 그렇게 마음이 딴 데 가 있는 이유는 내가 충분히 사랑받을 만한 자질이 없기 때문이라고 느꼈다. 미연이는 시공간은 같이 공유하지만, 엄마의 마음이 변덕스럽게 변할 것이라는 공포감이 있었던 것이다.

그렇다고 미연이 엄마가 나쁜 엄마는 아니었다. 착하고 미연이를 사랑하고 아끼는 엄마였다. 다만 너무 바쁘고 자신이 미연이를 사랑하는 마음을 충분하게 말로 표현하지 않았다는 것이 단점일 뿐이었다고 생각했다. 사는 것이 너무 힘들고 지쳤기 때문에 늘 엄마 자신의 문제로 마음속이 복잡했던 것뿐이었다. 미연이를 사랑하는 마음은 늘 있었지만, 미연이가 느끼기에는 엄마의 사랑은 무언가 다른 것에 의해 좌우되는 것 같은 느낌이 들었다. 나를 바라보고는 있지만, 그 눈동자 속에는 다른 상념에 마음이 뺏긴 것 같은 느낌이 들었다. 내가 엄마를 온전히 소유하고 있지 못하다는 느낌, 나보다는 항상 알 수 없는 무언가가 우선순위를 차지하고 있는 것 같은 그러한 느낌을 미연이는 어린 시절부터 가지고 있었다.

바로 미연이에게 필요한 것은 엄마가 어떤 상황, 어떤 마음 상태에도 미연이가 늘 일순위라는 변하지 않는 신뢰의 마음이었던 것이다. 뿌리가 엄청나게 크고 튼튼해서 폭풍에도 뽑히지 않는 아름드리나무처럼 엄마의 사랑이 그렇게 느껴지기를 바라고 있었다. 내가 언제 뒤를 돌아봐도 늘 한결같은 자세로 그 자리에 있구나 하는 느낌을 가지고 싶었던 것이다.

그러한 느낌은 안정된 애착에서부터 시작된다. 애착을 잘 형성하는 것이 바로 이러한 기본적인 믿음을 잘 쌓는 길이다.

애착은 아이가 엄마와 맺는 지속적인 강한 정서적 유대이다. 엄마와의 안정된 애착 형성의 여부가 지능의 발달 및 학습능력에 많은 영향을 끼친다는 사실은 잘 알려졌다. 이때 엄마가 다시 들어왔을 때 반갑게 맞이하고 안심하고 노는 경우는 안정적 애착(Secure Attachment)이다. 엄마가 떠나도 별 반응이 없고, 다시 들어와도 관심이 없이 자기 할 일만 하면 회피적 애착(Avoidant Attachment). 엄마랑 떨어질 때 심하게 울고 다시 돌아와 달래도 쉽게 달래지지 않고 혼자 놀지도 않으면 저항적 애착(Resistant Attachment)라고 한다. 엄마와의 안정된 애착을 맺는 아이가 학교 적응, 대인관계, 자신감, 정서적 친밀성을 갖출 수 있는 능력 면에서 가장 뛰어났다고 한다.

기우라는 말이 있다. 『열자(列子)』의 '천서편(天瑞篇)'에 나오는 말로, 기나라에 한 사람이 하늘이 무너지고 땅이 꺼질까 걱정하여 침식을 전폐하였다고 하며, 우리는 이를 쓸데없는 걱정을 한다는 의미로 사용한다. 우리는 땅이 꺼질 리가 없고, 하늘이 무너질 리가 없다는 기본적인 믿음이 있기 때문에 그러한 천재지변에 대한 걱정 없이 일과 공부에 매진해 나갈 수 있다.

아이에게 엄마와의 애착이란 바로 이러한 기본에 대한 믿음이다. 기본에 대한 믿음이 없으면 그에 대한 불안감으로 어떠한 것에도 집중할 수 없다. 고산등정을 하는 사람들은 베이스캠프를 믿고 험한 산을 오르기 시작한다. 올라가다 다치거나 힘들면 다시 베이스캠프에서 휴식도 취하고 체력도 쌓고 다시 오른다. 만약 에베레스트를 오르려는 사람이 베이스캠프가 바람에 휩쓸려 사라질까 봐 또는 다른 사람이 베이스캠프를 차지하면 어떻게 하나 걱정이 심하다면 어떻게 될까. 엄마와의 강한 정서적 유대는 아이에게 에베레스트 산을 오르는 데 필요한 베이스캠프인 것이다.

엄마로부터 충분한 사랑과 관심을 받고 애착이 잘 형성되어있는 아이들은 그렇지 않은 아이들에 비해서 낯선 환경에 대한 두려움이 적으며 노력을 기울인 일이 잘못 진행되어도 불안해하지 않고 끈기 있게 재시도 하는 등의 심리적인 특성이 있다. 이러한 심리적인 특징 때문에 학습 동기가 매우 높고 창의력이 발달한 경우가 많다.

부모와 애착 관계가 제대로 형성되지 못한 아이들은 혈액 중에 스트레스 호르몬인 코티솔(cortisol) 수치가 지속해서 높아져 있는 것을 볼 수 있다. 코티솔의 상승은 뇌에서 기억을 담당하는 해마(hippocampus)나 문제 해결을 담당하는 전두엽 피질의 발달이 저해하거나 손상을 유발하여 학습에 필요한 두뇌 영역에 치명적인 영향을 준다.

안정된 애착을 발달시키는 방법에는 여러 가지가 있다. 엄마와 아이와의 다양한 상호작용에 의한 만족감을 얻어내는 것이 한 방법인데, 그중에서 실생활에서 손쉽게 아이와의 교감을 이끌어내는 방법이 눈맞춤이다. 우리가 아이와 하루에 몇 번이나 눈을 제대로 맞추는지 세어보자. 설거지하느라 바빠서, 청소하느라 바빠서, 연속극에 빠져서 아이가 하는 질문에 눈맞춤 없이 대충 대답하는 경우가 많다.

눈맞춤은 어떻게 해야 할까? 당연한 얘기이겠지만, 우리가 누군가와 제대로 된 눈맞춤을 하려면 높이가 맞아야 한다. 아이를 위해 자세를 낮추고 아이의 눈동자를 자세히 볼 수 있게 가까이 다가가자. 아이의 빛나는 까만 눈동자를 응시해보자.

그렇게 대화를 하다가 사랑스러운 감정이 북받치면 아이를 꼭 끌어안아 주고 사랑한다고 여러 번 이야기해 주면 된다. 엄마와 아이와의 사랑스러운 따스한 유대감이 가득 차게 되면 아이는 엄마의 사랑이 전해오는 안정감과 신뢰를 느끼게 될 것이다. 그리고는 자신이 가진 재능을 유감없이 발휘하여 세상을 탐구하고 배우고 익히게 될 것이다.

아이와의 눈맞춤을 통한 교감의 횟수는 많을수록 좋다. 하지만 바쁜 생활에 쫓겨 시간 내기가 쉽지 않다면 적어도 아침, 점심, 저녁 한 번씩, 직장맘의 경우에는 출근 전, 퇴근 후, 자기 전에 한 번씩, 하루 3번의 눈맞춤이라도 시작하자.

Chapter 4

상식을 뒤엎는 좋은 엄마 되기

좋은 엄마가 되는 방법은 여러 가지가 있겠지만, 창의적인 방법도 필요하다. 모든 새로운 것들은 창의적인 것에서 나온다. 좋은 엄마가 되려면 이렇게 해야 했어, 혹은 이렇게 하는 게 좋아라는 방법들이 많이 있지만, 그러한 것들이 대부분 남들과 똑같은 시선과 가치관에서 출발하는 경우들이 많다. 남들과 똑같은 생각에서 탈피해서 새로운 방법으로 우리 아이를 바라보는 것은 우리의 아이에 대한, 그리고 양육에 대한 인식을 새롭게 전환하는 데 도움이 될 것이다.

심리검사 중에는 아이에게 삼각형의 산 모양을 세 개 보여주고 반대편 방향에서 봤을 때에는 어떻게 보이겠느냐를 물어보는 게 있다. 이것은 대상을 다른 관점에서 얼마나 잘 바라볼 수 있는지를 보는 것이다. 거꾸로 보고, 뒤집어 보고, 지금껏 맞는다고 생각하고 일률적으로 해왔던 일들에 대한 생각을 전환할 필요성이 있다.

새로운 사고는 지금껏 익숙하게 보았던 것을 새롭게 보는 과정 중에서 생긴다. 아이에 대한 직관, 내가 몰랐던 아이에 대한 이해 등 새로운 패러다임으로의 전환을 위해 기존에 상식으로 알고 있었던 것들을 다른 관점에서 바라보는 것이 도움이 된다.

나이가 들면 사고가 경직되고 융통성이 없어진다. 어린아이일 때는 생각이 자유롭고 세상과 사람을 바라보는 눈이 유연하다. 그렇게 유연한 관점에서 창의적인 생각이 나올 수 있다. 그렇다면 아이를 기를 때 창의적인 생각은 왜 필요한가. 우선 엄마가 창의적인 생각으로 접근하면 아이에게 영향이 미친다. 아이는 엄마를 통해 창의적인 사고로 세상을 바라보는 눈을 배울 수 있다. 또 엄마가 그동안 가지고 있었던 편견이나 선입견을 버리게 되므로 자율성과 아이의 생각을 존중하는 방향으로 기를 수 있다.

지금까지 우리 아이를 익숙하게 여기고 바라보던 관점과는 다른 시각과 방법으로 아이를 양육하는 눈을 기르자. 상식이라고 생각되어 남이 다 이렇게 하니까 아무런 생각 없이 따라 하는 것보다는 새로운 관점으로 자신의 주관과 가치 기준에 맞게 양육을 해야 한다. 그러기 위해서는 자신의 주관과 가치기준에 합리적인 이유와 근거가 있어야 한다.

상식을 뒤엎자는 이야기는 그러한 면에서 너무 위험하지 않은 수준에서 엄마들에게 양육을 새로운 생각의 가능성으로 바라보고 열린 마음을 가졌으면 하는 바람에서 글을 쓴 것이다.

이 모든 것들이 모든 엄마에게 맞거나 해당하거나 실제로 응용할 수는 없을 수도 있다. 다만 중요한 것은 실제로 행하든 아니든 지 간에 새로운 양육에 대한 생각을 통해 그동안 너무나 익숙하게 상식이라고 생각했던 것들에서 탈피하여 우리 아이나 양육에 대해 바라보는 것만으로도 신선한 재미와 엄마들에게 양육의 새로운 묘미를 일깨워 줄 수 있지 않을까 기대해본다.

남보다 10% 밑지게 키워라

예전에는 귀중한 자식을 보면 오히려 '개똥이 소똥이'라고 함부로 부르면서 남 앞에서 천하게 대했다. 그래야 나쁜 귀신이 시기하여 자식을 일찍 데려가는 일이 벌어지지 않는다고 생각했다. 마찬가지로 자식 자랑하는 것은 몹시 어리석은 짓이라며 팔불출로 여기기도 하였다.

그러나 요즘에는 남보다 더 잘났다는 것을 과시하는 시대에 살고 있다. 비싼 차, 명품, 좋은 아파트 등을 남들에게 보여주고 자랑하는 삶이 자연스러워졌다. 오히려 이 대열에 끼지 못하면 열등한 축으로 간주한다.

아이들에게도 남들보다 비싼 옷을 입히고, 어린이 전집이나 장난감 등을 남에게 뒤지지 않게 사주려고 한다. 항상 성적은 다른 아이보다 얼마나 잘했는지, 심지어 싸울 때도 우리 아이가 더 많이 때렸는지를 물어본다.

우리는 현재 이러한 풍조가 만연한 사회에 살고 있지만 내 것만 챙기려고 하는 이기적인 마음으로는 성공할 수 없다. 사업의 묘를 잘 구사하여 단기적인 성과를 내는 기업보다는 짧게는 이득이 좀 안 날 것 같아도 정직하고 사회에 공헌하는 기업이 오래 살아남는 것을 봐도 알 수 있다.

우리 아이에게 필요한 것은 관대한 마음과 남을 포용하면서 함께 가려는 자세이다. 남에게 손해 볼 수 없다고 생각하게 되면 매번 촉각을 곤두세울 수밖에 없게 된다. "내가 더 가져갔나, 네가 더 가져갔나?" 시시비비를 계속 가리게 되는 것이다.

이럴 때 10% 밑진다는 생각을 하게 되면 남에게 관대해질 수 있다. 10% 밑지면 실질적으로는 손해 보는 것 같지만, 상대방의 마음을 얻는다. 이 세상 모든 사람은 마음이 따뜻하고 관대한 사람을 좋아한다. 이러한 마음가짐을 가진 아이는 친구들 사이에서 좋은 아이라는 평을 얻고 서로 사귀고 싶어한다.

내가 아는 의사 선배도 고된 레지던트 생활을 할 때 남보다 10% 정도 손해 보고 더 일하자는 마음으로 임했다고 한다. 그래서 윗사람이 불공평하게 일을 시키는 것 같아도 억울해하거나 불평하지 않았다고 한다. '어차피 10% 더 밑지자고 하는 건네 뭐!'라며 묵묵하게 일을 하자 윗사람 눈에 들게 되어 칭찬을 받게 되고, 함께 일한 동료에게 좋은 인상을 남기게 되었다고 한다. 그리고 이렇게 평상시에 조금씩 손해를 본 듯하자 동료가 심리적 빚을 진 느낌이 들어 어려울 때 선뜻 도와주는 경우가 많았다고 한다. 그렇게 받은 도움이 평상시 밑지고 손해본 것 보다 훨씬 커서 선배도 놀랐다고 한다. 그때 선배가 남들보다 1%라도 손해 보지 않겠다고 했으면 동료와의 우애가 유지되기가 어려울 것이다. "누가 더 많이 일했네!"로 시비를 다투다 감정이 상하게 되고 결국 내가 도움을 받아야 할 때 기분 좋게 도움을 받을 수가 없었을 것이다. 사소한 이익을 챙기려다 더 중요한 것을 잃게 되는 것이다.

남편과의 관계에서도 마찬가지이다. 내가 10% 손해 보고 살자고 생각하면 배우자에 대한 원망도 줄어든다. '내가 장도 보고 상도 차렸는데 남편이 설거지 좀 해야 하지 않나?'라는 1 대 1의 교환 관계에 몰두하다 보면 억울함만 쌓인다. 부부 서로가 '내가 더 일하고, 내가 더 힘들다. 반면 당신은 하는 게 뭐가 있나?'라는 마음을 가지게 되니 사소한 것에도 원망이 생기고 화가 난다. 부부싸움도 더 잦아지고, 한 번 싸울 때 이전에 쌓아왔던 섭섭한 마음이 나오게 되어 사소한 것으로 시작된 싸움이 크게 번지게 된다.

그러나 '에이, 남편보다 내가 한 10% 정도만 손해 보자.'라고 생각하면 내가 청소기를 돌리고 있을 때 남편이 소파에 누워 TV를 보고 있어도 좀 참을 만하다.

아이에게도 마찬가지이다. 아이에게 '다른 애가 네 것을 뺏으면 악착같이 다시 빼앗아오고, 다른 애가 새치기를 하면 너도 새치기를 해라.'는 식으로 하나라도 손해 보지 않도록 가르치거나 아이가 학교에서 다른 아이에게 밀려 연극에서 주인공을 못하거나 하면 펄쩍 뛰면서 학교를 찾아가거나 선생님에게 호들갑을 떠는 모습을 보여 준다면 아이는 자신의 것만 챙기는 이기적이고 자기중심적인 아이가 될 가능성이 있다.

역설적이게도 '원수가 나의 오른뺨을 때리더라도 나의 왼뺨을 내어 줄 때' 더 억울하고 손해 보는 것 같지만, 실상은 더 얻는 것이 많아지고 풍족해지는 것이다. 남들보다 우리 아이가 10% 정도 밑지고 살고 있다면, 속상해하거나 예민하게 바라보지 말고 오히려 아이의 모자람을 칭찬해주어야 한다.

우리 아이가 남들보다 밑지고 살고 있다면, 오히려 기쁘게 생각하자.

유모차를 없애라

지금은 유모차가 없는 집이 거의 없다. 마치 냉장고나 전기밥솥이 없는 집을 상상하기 어려운 것처럼 말이다. 우리는 아무런 고민도 없이 아이가 태어나면 유모차를 고른다. 그런데 유모차는 자연스러운 것일까? 가만히 생각해보면 유모차가 우리의 육아 생활에 끼어들기 시작한 것은 몇 년 되지 않았다. 우리나라 역사로 따지면 약 20~30년 정도일 것이다. 예전에는 유모차 없이도 아이들을 키웠다.

한 번쯤은 유모차가 꼭 필요한지, 아이에게 어떠한 영향을 줄지를 생각을 해 볼 필요가 있다. 우리 아이를 어떻게 키우고 싶은가에 따라 유모차의 종류, 사용시간 등이 정해지게 된다.

개인적인 경험이 절대적인 답이 될 수는 없지만, 나는 아이가 거의 돌이 다 되었을 때 유모차를 그것도 매우 저렴한 것으로 샀다.

그전까지는 아이를 항상 안거나 업고 다녔었고, 돌부터는 아이가 조금씩 걷기 시작했기 때문에 유모차는 최소한으로 사용을 했다. 유모차를 최소한으로 사용한 이유는 부모와의 스킨십을 중요하게 생각했기 때문이고, 또 하나는 유모차가 바닥의 요철에 따라 덜컹거릴 때마다 그 미세한 충격이라도 아이의 뇌에 영향을 미칠 수 있다고 생각했기 때문이다.

아이는 엄마와 피부접촉을 통해 뇌의 발달이 더 촉진되고 애착도 증가한다. 또 유모차는 높이가 대개 낮다. 그 높이에서 바라보는 세상이란 거의 무수한 다리만 보이는 무시무시한 세상일 것이다. 그러나 부모가 안아줘서 바라보는 세상은 부모와 같은 높이에서 안정감을 느끼며 신기한 것들을 바라볼 수 있다. 부모의 어깨에 안겨 세상을 바라보는 아이들의 표정은 의기양양함과 자신감 그 자체이다.

물론 유모차가 꼭 필요한 가정도 있다. 엄마가 몸이 약해서 아이를 안고 어려운 경우도 있다. 그러나 혹시 유모차가 필요한 이유가 전적으로 엄마를 편하게 해 주기 위해서라면 한 번쯤은 유모차에 대해서 재고해봄 직하지 않을까? 유모차는 아이를 위해 필요한 것인가, 아니면 엄마를 위해 필요한 것일까?

물론 유모차 하나 사면서 이런 고민을 하는 것이 번거롭게 느껴질 수도 있고, 사실상 큰 고민 없이 유모차를 사용해도 대세에 큰 영향은 없다. 다만 한 번 정도는 생각을 해보자는 것이다. 어느 순간 명품 유모차가 엄마들 사이에서 '보이지 않는' 권력이 되고 그것을 사용하지 않을 때 뒤처지는 느낌을 받는다면, '혹시 상술에 내가 넘어간 것은 아닌가?' 생각해볼 필요는 있다. 유모차의 주인공을 위하고 있다는 핑계를 대지만 정말로 이 아이가 그것을 원하는 것일까. 혹시 나를 위하여 변명하고 있는 것은 아닌가 생각해 보는 것도 의미가 있다.

전집을 사지 말아라

전집이란 한 사람이나 같은 종류, 같은 시대의 저작을 한데 모아서 출판한 간행물이다. 즉, 산발적으로 흩어져 있었던 지식을 정리하고 쉽게 비교 분석하는 데 도움이 된다. 예를 들어 어느 작가의 전집이라든지, 1970년대 문학 전집이라든지 하는 것들은 한 작가의 문학관이나 그 시대의 문학적 조류를 이해하는 데 많은 도움을 준다.

그러나 흔히들 이야기하는 어린이 전집, 특히 유아 전집은 과연 어떠한 의미가 있을지 고민을 해 봐야 한다. 왜냐하면, 거기에는 다양한 함정이 있을 수 있기 때문이다.

우선, 전집에는 끼워 팔기 식의 수준이 떨어지는 책이 들어있을 수 있다.

둘째, 책을 처음 읽는 유아들이라면 그렇게 많은 내용의 동화책은 필요가 없다.

셋째, 아이가 문자를 익히거나 이해하는 데에는 많은 책을 읽히는 것 보다는 한 권을 반복해서 읽히는 것이 더 도움될 때가 많다.

넷째, 책을 접할 때의 설렘은 한 권씩 소중하게 고르고 그것을 소장하는 재미도 포함되어 있는데, 전집은 그러한 사소한 즐거움을 박탈한다. 쉽게 책장에서 꺼내 볼 수 있는데, 뭐 하러 엄마와 서점에 가는 토요일 오후를 설레며 기다리겠는가? 또 책 몇 권쯤 없어져도 관심도 없고 아쉬움도 없다.

다섯째, 전집은 마치 많은 채널을 다 볼 수 있는 TV와 같아서 딱 한 프로그램만 볼 수 있었을 때 오래도록 여운과 영향이 남는 효과가 사라진다.

한마디로 교육에도 특별히 효과적일 것이 없고, 책에 대한 추억도 만들어주지 못한다는 얘기이다. 책에 관한 관심과 좋은 느낌을 오래도록 간직하게 하려면 책이 소중하게 느껴지도록 해야 하고, 책과 관련된 좋은 추억들을 많이 만들어주는 것이 필요하다. 그런데 우리는 너무 풍족한 것보다는 항상 약간 부족한 것에서 아쉬움을 느끼고 그 아쉬움이 아련한 추억으로 연결된다. 너무 풍족하여 언제라도 쉽게 구할 수 있는 것들은 우리의 흥미를 끌지 못하는 경우가 많다.

어린 시절에는 공부나 학문을 하는 목적으로 책을 읽는 것이 아니므로 단 몇 권으로도 충분히 또 다른 상상력, 공상, 새로운 세상, 새로운 이야기, 터무니없는 재미, 현실과는 다른 재미 등을 느끼고 생각과 감정을 확장시켜 나가는데 도움을 줄 수 있다.

또 대부분 전집은 비용적으로 부담이 된다. 비용적으로 부담된다는 이야기는 엄마가 아이의 책꽂이를 들여다볼 때마다 본전 생각이 날 수 있다는 이야기다. 아이가 관심이 없어서 한 번도 안 본 책들을 바라보며 아이가 몇 번 읽었는지, 안 읽었는지 생각하며 강제로 읽히게 할 수도 있다는 뜻이다. 책에 대한 엄마의 태도가 오히려 아이에게 책을 질리게 할 수 있다.

물론 전집이 의미가 있는 예도 있다. 예를 들면 부모가 너무나 바빠서 아이와 서점을 갈 시간이 전혀 없어 책을 한꺼번에 사 놔야 할 필요성이 있는 경우다. 또는 전집의 성격이 일관성이나 내용의 비교 차이를 통해 어떠한 느낌이나 깨달음을 가질 수 있게 도와 주는 경우나 어떠한 주제 예를 들면 미술에 대한 개괄적인 흐름을 보여주어 전체적인 조망을 도와줄 수 있을 때이다. 그러나 그러한 분명한 이유가 있지 않다면, 그저 책꽂이를 뿌듯하게 만들기 위해서 또는 남도 샀으니까 산다는 식은 별로 좋지 않다.

지금 이 순간에도 "이 나이에는 이 전집은 읽혀야 한다더라.", "다 이 전집 읽히더라."라는 말에 귀가 솔깃하여 아무런 생각도 없이 혹은 아이에 대한 미안한 마음으로 전집을 구매하는 엄마들이 있을 것이다.

솔직히 이야기하면 유아기에 유명한 전집을 단 한 권 안 읽어도 아무런 상관이 없다. 오히려 걸음마 아기라도 엄마와 함께 서점에 가서 아기가 흥미를 보이는 책을 한 권씩 사서 읽어주는 것이 훨씬 도움이 된다. 자연스럽게 아이가 스스로 고르고 결정하는 과정을 겪는 것이 좋다. 전집을 사는 것은 자연스러운 아이의 흥미를 깨는 억지스러운 일일 가능성이 있음을 염두에 두어야 한다.

또 전집과 비슷한 경우인데, 유아기에 영어 동요나 DVD 등을 세트로 사서 들려줘야 하나 하는 고민을 하는 때도 있다.

생후 20개월 된 형민이의 경우는 말을 조금씩 하기 시작하는데, 주위에서 영어 동요를 들어주라고 권한다고 했다. 엄마는 아이가 우리말도 완전치 않은 상태에서 영어를 배우면 혼란스러워하지 않을까 걱정이 앞선다.

영어는 모국어와 두뇌에서 인지되는 부위와 활성 정도가 다르다. 아이가 우리말을 사용할 때는 좌뇌의 하측 측두엽에 있는 언어중추가 주로 활성화되지만, 영어를 사용할 때는 비효율적으로 더 넓은 부위의 뇌를 사용한다. 영어가 익숙해지고 유창하게 될 때 비로소 점차 우리말을 사용할 때와 비슷한 부위를 사용하게 된다.

이러한 뇌의 차이에 대해서는 연구마다 차이가 있는데, 흔히 어릴 때 배울수록 영어를 유창하게 잘하게 된다고 생각한다. 그렇지만 늦게 배운 사람 중에서도 거의 완벽하게 유창한 영어를 하는 경우도 많다.

한 연구에서는 10세 이전에 영어를 배운 적이 없고, 외국에서 1개월 이상 산 경험도 없는 성인을 대상으로 조사한 결과 영어공부를 꾸준히 해서 유창하게 영어를 하는 그룹에서 모국어와 영어가 뇌에서 차지하는 영역 차이가 없었다고 한다.

또 뇌 영상 실험에서도 제2외국어를 늦게 배웠지만 꾸준히 유창하게 영어를 구사하는 뇌의 영역이나 활성도에서 모국어와 차이가 없었고 현지인과도 차이가 없었다고 한다. 오히려 어린 시절에 영어를 배웠어도 이후에 영어를 꾸준히 접하지 않아서 영어를 잘 못하는 사람은 모국어와 뇌의 영역에서 차이가 컸다고 한다.

반면 많은 연구에서 어린 시절에 영어에 노출되면 발음이나 구문 등의 문법 면에서 장점이 있다고 하고 있다. 1세 이하의 유아들은 양쪽 언어에 동시에 노출되면 양쪽 언어를 똑같이 발달시킨다. 그러나 두 언어에 똑같은 빈도와 강도로 노출되지 않는다면 어느 한쪽이 우세하게 되고, 뇌가 우세한 언어를 중심으로 발달하게 된다.

우리나라는 우리말을 중심으로 생활이 이루어지는데 이러면 영어가 우리말처럼 똑같이 발달하기는 어렵다. 또 우리말이 완전히 확립되지 않은 상태에서 영어에 과다하게 노출되면, 뇌에서 영어가 우리말을 대치하는 현상이 일어나기도 한다. 이 경우 영어는 잘하는데 우리말은 잘 못하는 경우가 생기기도 한다. 이렇게 영어 교육이 지속적이고 체계적이지 않다면 언어를 통한 논리적 표현력 자체가 낮아지는 경우도 발생할 수 있다.

영어를 잘한다는 것은 단순히 발음이 좋다거나 생활영어를 잘하는 것이 아니라 자기 생각을 논리적으로 표현할 수 있는 능력이 있다는 것이다. 이러한 사고력과 논리력은 단순히 영어만 일찍 접한다고 얻어질 수 있는 것이 아니다. 오히려 우리말을 체계적으로 훈련하면서 이러한 능력을 배양하고 비교적 빠른 시기인 12세 이전에 영어를 배우는 것이 더 유리할 수 있다.

MIT대학 언어심리학자인 핀커는 12살 이전에는 어떤 언어건 자연스럽게 습득할 수 있는 능력이 있다고 했다. 따라서 12세 이전에만 배우면 아이가 영어를 습득하는데 큰 무리는 없다고 보면 된다. 이것보다 더 중요한 점은 아이가 영어를 잘했으면 하고 바란다면 늦게 배우더라도 아이가 꾸준하게 영어에 관심을 두고 좋아할 수 있도록 동기를 유발하고, 재미있게 영어를 사용할 수 있도록 도와주는 방법을 찾는 것이다

학교를 꼭 보내야만 하는가?

학교에 안 가겠다고 하는 문제로 병원에 찾아오는 경우가 많다. 주로 초등학교 고학년이나 중학교 무렵의 아이들이 많은데, 아이들이 자발적으로 오기보다는 부모의 손에 이끌려 오는 경우가 대부분이다. 아이들은 친구 문제나 공부 스트레스 혹은 선생님과의 관계가 안 좋아서 한동안 끙끙 앓다가 결국에는 등교를 거부하게 된다.

엄마로서 아이가 잘 다니던 학교에 안 가겠다고 하면 스트레스가 이만저만이 아니다. 우선 다른 아이들이 모두 다니는 교육기관을 안 간다고 하니 우리 애만 도태되는 것은 아닌지 불안이 앞서고, 학교에 안 가면 그 시간에 해줄 게 없다는 것이 또 하나의 걱정이다.

아이가 학교에 안 가는 데에는 분명한 이유가 있기 마련이다. 이유를 분명히 알고, 해결책을 최대한 찾아서, 되도록 아이가 학교로 다시 복귀할 수 있도록 도와주는 것이 상책일 것이다.

하지만 해도 해도 안 되는 일도 있다. 또 아이의 심리적인 상처나 스트레스가 너무 크기 때문에 차라리 학교에 안 가는 것이 더 나을 때도 있다. 이런 경우라면 학교에 대한 부모의 마음을 정리하고 대안을 찾는 게 더 좋은 경우도 있다.

학교는 꼭 가야 한 걸까? 학교이기 때문에 무조건 가야 한다기보다 아이가 학교생활에서 얻는 점과 잃는 점을 잘 살펴볼 필요가 있다.

학교에 가지 않고 홈 스쿨링을 통해 성공한 사람들도 있다. 국내에도 학교에 가지 않고 홈 스쿨링을 통해 교육을 받아 14세 때부터 자신의 회사를 경영하는 사람도 있고, 외국에서는 집에서 가르치는 경우도 많다. 미국의 유명한 배우 윌 스미스도 학교 교육에 대한 불신 때문에 자신의 두 자녀를 학교에 보내지 않고 홈 스쿨링으로 가르치다가 결국 자신의 교육철학에 맞는 학교를 세워 아이들을 입학시키기도 하였다.

학교를 보내지 않겠다고 결정하는 것은 가족의 가치관에 따라 신중하고 현명하게 판단해야 할 일이고, 학교를 대신할 수 있는 교육 방법에 대한 명확한 계획과 확신이 있어야 가능한 일이다.

학교에 보내지 말라는 뜻이 아니다. 다만 한 번 더 교육에 대해서 생각해 볼 수 있도록 하는 것이 중요하다는 얘기다. 또 아이를 학교에 보냈기 때문에 '거기서 다 배우겠지.'가 아니라 아이가 인생에서 무엇을 배워야 하고, 어떤 사람이 되었으면 좋겠다는 기준을 가지고 지속해서 관심을 두고 교육해야 한다는 것이다. 학교를 보내기 때문에 아이의 교육과 관련하여서 나의 의무는 끝났다고 생각하지 마라. 학교 교육의 일정대로만 하려 하지 말고 그것에만 중요성을 강조하지 마라. 14세에 학교를 다니지 않고 회사 경영을 하고 있다는 청소년을 바라보는 어른들의 생각은 이중적이다. '맞아, 학교 공부를 해서 뭐해! 빨리 성공하는 것도 나쁘지는 않아.'라고 생각하면서도 자신의 자녀가 학교를 그만두겠다고 하면 불투명한 미래를 걱정한다.

우리가 인생에 있어서 배워야 할 점은 자신이 가진 잠재력을 충분히 활용하고, 행복하게 다른 사람들과 원만한 관계를 형성하고 필요한 사회적 자원들을 잘 이용하는 것이다. 이러한 것들을 학교에서도 배운다. 하지만 학교에서 지식을 배우고 암기하는 것에만 몰두하게 된다면 소홀해지기 쉬운 부분이다.

어른이 된 다음에 생각해보면 학교에서 배웠던 지식이 실제 실생활에 크게 와 닿는 경우는 많지 않다. 그만큼 우리는 실생활과 괴리된 활자화된 학문으로서의 교육에만 강조하는 면이 있다. 우리가 학교에 목매고 학교에서의 성적을 전전긍긍하면서 보는 이유는 무엇인가? 아이가 단순히 다양한 지식을 순수하게 즐기게 하기 위해서인가? 연산을 잘하고, 영어단어를 많이 알게 하는 것이 왜 필요한가? 더욱 우수한 교육을 받을 수 있는 좋은 상급학교에 보내기 위해서 좋은 학교를 보내려고 한다.

그런데 좋은 대학은 왜 가야 할까? 대학을 안 가면 안 되나? 이러한 질문을 하면 엄마들은 황당해한다. "아니, 그건 상식 아닌가요? 그럼 대학을 보내지 말라는 거에요? 엄마가 돼서 애 대학도 못 나온 사람 만들라는 거예요?"라고 화부터 내는 엄마도 있다.

그러나 우리 아이에게 공부하라고 닦달하기 전에, 성적을 확인하며 화를 내기 전에, '나는 왜 우리 아이를 좋은 대학에 보내고 싶어 하는 것일까?'를 한 번 생각해 보자는 것이다. '우리 아이가 어떠한 경험을 하고, 어떠한 것을 배우기를 원하기에 대학에 보내고자 하는 것일까?'

진정으로 아이가 배웠으면 하는 것들, 그 경험들을 채워주는 방법은 무엇이겠느냐는 생각을 할 수 있도록 엄마가 마음을 열어 놓는 것이 필요하다. 지금까지 모두 출발선에 똑같이 서서 모두 한 곳만 바라보고 정신없이 달려가고 있다면, '과연 이런 과정을 왜 하려는 것인지? 무엇을 얻으려 하는 것인지? 혹시 내가 놓치고 있는 주변의 풍경은 없는지?'를 생각해보자는 것이다.

옆을 봤는데 너무나도 아름다운 절세 풍경이 펼쳐져 있다면 사실은 그때 쉬어가도 괜찮은 것이다. 내가 목표로 삼았던 것이 이 경주를 다 달리고 돈도 벌고 그 때 아름다운 풍경을 바라보며 쉬는 것이었는데, 알고 보니 그러한 경치에 비견될 만한 게 내 옆에 있었다면 지금 할 수도 있는 것이다. 한비야는 누구도 쉽게 용기를 내기 어려운 인생의 결정점에서 자리를 털고 일어나 새로운 일을 했다.

인생에는 정해진 길이 없다. 누구나 다 가는 그 길이 정답이 아니다. 내가 가는 길의 끝에 목표로 삼는 것이 구체적으로 있다면 걱정할 것이 없다. 패거리 근성을 지닌 쥐 레밍은 개체 수 증가로 이동이 필요할 때 앞에 가는 쥐를 따라 집단으로 맹목적으로 달려가지만, 그 끝에 절벽이 있는지 뭐가 있는지는 모른다. 〈꽃들에게 희망을〉이라는 책에서처럼 애벌레들이 하늘에 오르기 위해 발버둥을 치면서 탑을 쌓지만 왜 그 길로 가야 하는지 이유를 아는 애벌레는 아무도 없다. '나는 어떤 삶을 살 것인가? 우리 아이는 어떻게 삶을 살았으면 좋겠는가?' 하는 생각과 성찰을 많이 하는 것이 필요하다.

학교에 다니느냐 다니지 않느냐는 어찌 보면 중요하지 않다. 물론 학교에 다니는 것은 평균적인 성공 가능성을 높여 주기는 한다. 한국에서 잘 살기 위해서는 대학을 나와야 그래도 취직이 되어 안정적으로 먹고 살 수 있지 않을까 하는 마음에서이다.

그런데 아이에게 꿈과 목표가 있으면 하지 말라고 해도 알아서 공부한다. 헝가리의 교육심리학자인 라슬로 폴가(Laszlo Polgar)는 자신의 세 딸을 학교를 보내지 않고 집에서 교육했다.

폴가는 여자들은 체스를 잘 두지 못한다는 편견을 교육의 힘을 통해 깨고자 아이들을 체스의 천재로 키우기 위해 전략적으로 양육하였다. 폴가는 아이들에게 체스에 대한 호기심과 동기를 이끌어내기 위해 다양한 방법을 사용하였으며, 홈 스쿨링을 통해 스스로 공부에 흥미를 느낄 수 있도록 도움을 주었다. 폴가는 절대로 아이에게 학습을 강요하거나 주입식으로 공부시키지 않고, 호기심과 흥미를 느끼고 스스로 사고를 확장시켜 학습할 수 있도록 자극만 주었다고 한다. 그의 첫 딸은 20세 때 여성 최초로 세계 정상에 섰다. 셋째 딸도 15세에 세계 체스 사상 최연소 체스왕이 되었다고 한다.

즉 폴가의 예에서 볼 수 있듯이 학교에서 정규교육을 받았느냐는 사실보다는 아이의 미래와 꿈을 생각하고 그것을 위한 다양한 방법들을 창의적으로 고려하는 것이 더 중요한 것이다.

칭찬의 역설,
차라리 칭찬을 하지 마라

칭찬은 고래도 춤을 추게 한다고 한다. 고래를 춤추게 한다니 기적 아닌가? 정말 칭찬은 기적을 일구어내기도 한다. 의욕이 없는 아이의 의욕을 북돋고, 가능성을 믿지 않는 아이가 자신을 스스로 믿어 노력하도록 변화를 만든다면, 이것은 정말 기적이라 할 수도 있다.

칭찬은 어떻게 하는 것일까? 대부분의 엄마들이 칭찬을 잘 못한다. 아이에게 칭찬을 많이 하라고 주문하고 다음에 만나서 확인해보면 "잘했다.", "똑똑하다.", "훌륭하다."는 등 천편일률적인 반응뿐이다. 엄마들도 일부러 하려니까 어색하고 이렇게 칭찬하는 게 어려운지 몰랐다고 한다.

우리가 아이를 칭찬할 때는 두 가지 경우가 있다. 첫째는 아이의 특성에 사랑스러움을 느끼거나 감탄을 해서 저절로 나오는 경우이다. 6살짜리 아이가 어른이 미처 생각하지 못했던 것을 발견하거나 귀여운 행동을 취할 때 우리는 너털웃음을 지으면서 아이에게 긍정적인 발언을 해 준다. 이런 칭찬은 무방비상태에서 저절로 나오는 경우이므로 대개 엄마의 감정이 고스란히 묻어나게 된다. 그리고 의도하지 않았던 순간에서 아이를 관찰하면서 나오는 순수한 의미의 반응이라고 볼 수 있다. 설령 그것이 긴 설명이 없이 "와~!"라는 한마디라고 해도 큰 영향을 미칠 수 있다.

둘째는 아이에게 무언가를 계속하도록 시키고 싶은 의도가 있는 경우이다. 주로 학업이나 어떤 성취와 관련이 많은 칭찬이다. 이 칭찬은 이미 엄마의 판단과 의도하는 방향이 녹아 있는 인위적인 칭찬이다. 그래서 이러한 종류의 칭찬을 들으면 어떤 때는 기분이 별로 좋아지지 않고, 오히려 부담이나 짜증이 생기기도 한다. 엄마들은 두 번째 칭찬을 더 많이 하고 있다. 왜 엄마들은 이러한 종류의 칭찬을 하는 것일까?

다른 사람으로부터 인정을 받으면 무엇을 이루고 싶어 하는 마음이 생기고 열심히 하려는 마음이 생긴다는 것을 알기 때문이다. 실제로 어린 시절에는 "잘한다. 잘한다."는 엄마의 칭찬에 따라 행동이 달라진다. 그러나 아이가 자라면서 엄마의 칭찬에도 그대로 움직이지 않는 경향이 늘어난다.

스탠퍼드대학의 교육학 박사인 데보라 스티펙(Deborah Stipek)은 외부의 칭찬이 아이들의 행동에 어떠한 영향을 주는지를 연구

했다. 0~2세인 영아기에는 반복해서 하는 것에 기쁨을 느낀다. 이 시기에는 결과에 연연해 하지 않고 반복해서 연습하는 것을 좋아한다. 그래서 이 시기의 아이들은 같은 행동을 수십 번 반복하며 논다. 이 시기의 아이들은 엄마가 칭찬하기 때문이 아니라 그냥 걸음마가 재미있어서 땀을 뻘뻘 흘리며 걸음마 연습을 하는 것이다. 본인이 흥미를 잃으면 아무리 엄마가 어르고 달래도 관심을 보이지 않는다. 그래서 엄마의 칭찬이 그다지 먹히지 않는다. 오히려 엄마는 아이가 관심이 있고 흥미를 끌만한 것들로 아이의 행동을 조절해야 한다.

만 2세가 되면 다른 사람이 내 행동에 대해서 어떻게 말하는지를 신경을 쓰기 시작한다. 이 때 아이를 움직이게 하는 것은 칭찬과 인정이다. 이제는 결과를 성공과 실패로 평가하고 주변에서 나를 인정했느냐 아니면 나에게 실망했느냐에 신경을 쓰게 된다. 그래서 이 시기의 아이들은 어떤 일을 하고 주변의 평가를 바란다. 어려운 일을 해내고 나서 턱을 들고 자신만만한 얼굴로 주위를 둘러보고 "내가 했어."라는 말을 자주 하게 된다. 하기 싫어도 조금 힘들어도 엄마가 칭찬하면 참고 열심히 하게 되는 것이다.

그러다 만 3세가 넘어가면서부터는 칭찬보다도 내가 생각할 때 재미있고 만족스러운 활동을 하기 시작한다. 물론 이 시기에도 엄마의 칭찬이 영향이 없는 것은 아니지만, 엄마의 칭찬만으로는 어떤 일을 꾸준하게 열심히 하는 것에는 한계가 생기고 진정으로 자신이 의미 있다고 생각하는 활동에 몰두하게 된다.

일례로 채소 주스를 마시기 싫어하는 유치원생을 대상으로 아침마다 채소 주스를 마시게 하고는 한 그룹은 마실 때마다 칭찬해주고 다른 그룹은 별다른 칭찬 없이 그저 마시게 하였다. 칭찬을 해준 그룹이 하루 만에 채소 주스를 4배 이상 많이 마셨다. 그런데 1주일 후 칭찬 없이 채소 주스를 주자 칭찬 없이 마셔온 그룹은 그대로인데, 칭찬해준 그룹은 채소 주스를 마시는 비율이 반으로 줄었다고 한다. 즉, 외부의 인정이라는 유인이 사라지고 난 다음에는 자신의 기준이 목표 행동을 유지하는 동기가 되는 것이다. 칭찬으로 아이의 목표의식이나 행동을 바꾸기에는 한계가 있다.

진료실에서 아이를 만나면 "인사를 잘하네, 이야기를 참 재밌게 하네, 문도 참 잘 닫네." 등 칭찬을 해준다. 사소한 것이지만 칭찬을 받는 아이는 신기하게도 다음에 만날 때 내가 칭찬한 바로 그 부분을 지킨다. 아이가 내키지 않은 인사를 할 때에도, 받아주고 "참 인사를 잘하네."라고 하면 아이의 눈이 반짝인다. 그런 아이들은 다음에 꼭 배꼽 인사를 목소리도 크게 내어 한다.

그런데 문제는 칭찬을 과도하게 하면, 즉 아이의 모든 행동에 칭찬을 해주면 오히려 역효과가 날 수도 있다는 것이다.

워싱턴 대학교의 클로닝저 박사는 "지나치게 잦은 보상을 받으며 자란 아이는 보상이 사라지면 그만두기 때문에 끈기를 기를 수가 없다."라고 이야기했다.

지속적인 칭찬은 항상 성공할 것이라는 자만심을 키워주고 문제가 어려워지면 쉽게 포기하게 한다. 잘했을 때나 잘못했을 때에도 항상 칭찬받기만을 기대하게 되고 오히려 다음 번에 실패해서 부모의 기대에 부응하지 못하면 어떻게 하나 걱정과 불안감에 휩싸여 자신감이 더 떨어지는 기이한 현상이 발생하기도 한다.

부모는 무언가를 아이가 원해서 할 때까지 기다릴 줄 알아야 한다. 즉 내적인 끌림에 의해 아이 스스로 움직일 때까지를 참을성 있게 기다려줘야 한다.

아이가 만약 내적인 만족감에 의해 지속해서 긍정적인 행동을 한다면, 사실은 과도한 칭찬보다는 그저 아이의 상태를 엄마가 알고 있다는 반응만 표현해 주는 것으로도 충분하다.

심리학자 알피 콘(Alfie Kohn)은 "칭찬을 통해 아이들을 통제하려고 하지 마라. 그저 본 것을 말하고 질문함으로써 아이들이 스스로 생각할 수 있도록 기회를 줘라. 외부의 칭찬과 인정에 좌우되는 사람이 아니라 자기 스스로 결정하고 실행하는 사람이 되도록 도와라."라고 하였다.

엄마가 칭찬을 너무 안 하는 것도 문제이지만, 남용하는 것도 문제이다. 중요한 것은 엄마가 아이의 가치를 인정하고 기다려주는 것이 가장 큰 칭찬이라는 것이다.

아이를 벼랑에서 밀어라

마음이 아프지만 인간이라면 누구나 부러지고 깨지고 상처받는 고통을 겪을 수밖에 없다. 아이가 유치원에서 친구들에게 놀림을 당해서 가기 싫어한다. 사실 알고 보면 놀렸던 친구가 그렇게 심하게 한 것도 아니다. 그럴 때 부모의 반응은 크게 두 가지이다. 하나는 화를 내면서 아이를 놀린 친구의 부모나 선생님에게 따지고 아이를 보호하는 경우이다. 또 하나는 아이가 힘들다고 울어도 "다른 애들도 다 힘들어. 참아!" 하고 하는 경우이다.

첫 번째 유형의 부모는 자기 아이의 인생에서 앞으로 겪을 무수한 고난과 고통의 순간들을 견딜 수 없어 한다. 초등학교 저학년이나 고학년까지 학교문제나 친구문제에 간섭하면서 아이 앞에 나타나는 갖가지 고난 상황들을 대신 해결해 준다.

두 번째 유형의 부모는 아이의 상황이 얼마나 힘들지 이해하지 못하고, '다 그럴 것이다.'라고 넘겨짚게 된다. 두 유형 모두 올바른 태도는 아니다.

아이가 소중하고 사랑스러울수록 아이를 보호하고 모든 걸 해주고 싶은 부자연스러운 욕망을 버려야 한다. 그러한 욕망은 아이가 이 세상을 자연스럽게 익히고 배우는 걸 방해한다.

라틴어로 "채무의 지불 정지, 유예기간"이라는 뜻의 모라토리엄(Moratorium)이란 경제용어가 있다. 심리학에서도 성인으로 충분한 책임과 의무를 다할 수 있으면서도 사회인으로서의 책무를 유예하려고 하는 모라토리엄 신드롬이 있다. 우리나라에서도 모라토리엄 신드롬을 겪는 대학생은 직장을 잡을 생각을 하지 않고 '대학원 진학이다, 어학연수다' 하며 되도록 대학에 눌러앉는 시간을 늘린다.

모라토리엄 신드롬이 있는 아이는 커서 어른이 되기를 거부한다. 왜냐하면 누군가가 계속해주기 때문이다. 의존하는 마음이 있기 때문에 배수진을 치고 스스로의 능력의 최대치를 사용해 볼 엄두가 나지 않는 것이다.

아이에게 진정으로 물려주고 싶은 것이 뭔가? 돈, 주식, 아파트, 인맥? 아마도 지금까지 살아오면서 겪었던 많은 고통 속에서 얻고 깨닫고 강해진 자아일 것이다. 그것만 있으면 초등학교 3학년 때 다른 아이들이 놀려도 아무렇지도 않게 웃으며 응대할 수 있을 것이고, 중학교 때 담임선생님이 나만 차별하는 말을 해도 대수롭지 않게 공부에만 집중할 수 있을 것이다.

지금껏 살면서 스트레스를 받고 힘들고 고통스럽게 여겼던 모든 일들이 나이를 먹고 경험을 쌓으면서 별일이 아니라는 것을 알게 된다. 우리 아이가 유치원에서 친구가 "메롱"이라고 놀려서 상처받았고 울먹이고 있을 때 주고 싶은 것은 그것이 아무것도 아니라는 나의 지혜일 것이다.

그런데 그러한 삶의 지혜는 고통을 경험하지 않고서는 얻을 수가 없다. 힘들게 산을 올라가 봐야 동네 언덕을 오르는 것은 쉬운 것이라는 것을 깨닫게 된다. 지금 내가 겪고 있는 고통에 저항력과 면역력을 기르려면 안타깝게도 경험하게 하는 수밖에 없다.

아이를 사랑한다면 벼랑에서 밀어야 한다. 물론 그 벼랑이 아이의 수준보다 약간 어려운 정도여야 한다. 아주 높은 벼랑에서 밀면 물론 더 큰 깨달음을 얻을 수 있지만, 다칠 확률도 그만큼 높다. 따라서 아이의 수준보다는 약간 어려운 정도의 어려움은 항상 만들어놓고 경험할 수 있도록 해줘야 한다. 아이의 특성에 따라 그 정도와 시기를 적절하게 조율하는 현명함을 발휘해야 한다. 또 상황이나 환경의 변화에 따라 전에는 쉬웠던 벼랑이 어려워질 수도 있고, 전에는 무시무시했던 벼랑이 쉬워 보일 수도 있다.

따라서 아이의 심리 상태와 자아 강도 등을 잘 모니터하고 객관적으로 평가할 수 있어야 한다. 앞서 살펴본 첫 번째 유형의 부모는 너무 아이를 평지에서만 키우고 있는 것이고, 두 번째 유형의 부모는 너무 높은 벼랑에서 미는 것이다. 둘 다 바람직하지 않다.

아이가 어려움에 처해 있다면 오히려 고마워해야 할 일이다. '이만큼 우리 아이에게 자랄 수 있는 기회가 주어졌구나.' 사실 외국 아이들과 비교해서 우리나라 아이들은 혼자서 할 줄 아는 일이 별로 없다.

어려운 길과 쉬운 길이 있으면 쉬운 길로 가려고 하는 게 아이들의 습성이다. 그래서 부모가 어느 정도는 너무 쉬운 길을 가지 않게끔 도와주어야 한다.

실패를 통해 좌절을 했어도 목적을 이룰 때까지 계속 노력해야만 진정한 성취를 이룰 수 있다는 것을 알려주어야 한다. 각 단계 중 어느 것도 생략해서는 안 된다. 실패와 좌절은 궁극적인 성공 과정에 꼭 필요한 밑바탕이다. 특출한 재능을 가졌거나 엄청난 행운이 따라준다면 크고 작은 실패들을 겪지 않을 수 있다. 하지만 시대를 막론하고 진정으로 가치 있는 일들은 거의 모두 끈질긴 노력의 결과로 이루어졌다.

긍정 심리학의 대가인 마틴 셀리그만(Martin Seligman)은 "아이들은 실패를 겪어야 한다. 슬픔과 불안을 느끼고 분노의 감정도 경험해 봐야 한다. 아이가 실패를 겪지 않도록 보호하는 것은 배울 기회를 뺏는 것이나 다름없다. 아이가 어려움에 부딪혔을 때 칭찬 일색의 말로 아이의 관심을 돌리려 하면서 자존감을 북돋아 주기 위해 나선다면, 우리는 아이가 목표를 이루는 것을 방해하는 것이나 마찬가지다."라고 하였다. 아이들이 좋지 않은 기분을 겪지 않도록 막아서는 바람에 반대로 좋은 기분을 느끼고 몰입하는 것에 더 어려움을 느꼈고, 실패를 피해 가게 한 덕분에 성취감을 경험하는 일이 현저히 줄어들었다는 것이다.

 사자는 자기 새끼를 벼랑에서 떨어뜨린 후 살아남는 강한 새끼만 키운다는 얘기가 있다. 아이를 사랑한다면 인생의 고난과 고통을 피하게만 하지 말고, 진정으로 직면하여 강해질 수 있도록 격려해주어야 한다. 그리고 현재 여러 가지 어려움으로 인해 고통을 겪고 있는 아이들이 있다면 그 아이들에게 용기를 낼 수 있도록 지지해주고 도와주어야 한다.

순면 100%의 배냇저고리 대신 거친 타월로 말아라

아이가 태어나면 너무나 애지중지 한 나머지 먹이는 것 입히는 것도 조심조심하게 된다. 너무나 소중하기 때문에 아이에게 순면 100%의 보드라운 배냇저고리를 입히게 된다. 그것도 물론 좋지만 거친 타월로 아이를 감싸는 것도 좋다. 피부는 제2의 뇌라는 얘기가 있다. 피부에 있는 신경은 굉장히 넓게 분포되어 있다.

피부를 자극해주면 아이의 뇌도 자극이 되어 발달한다. 물론 아토피가 있거나 피부가 지나치게 예민한 아이라면 조심해야겠지만, 다소 거친 타월과 같은 자극을 주는 것도 나쁘지 않다.

먹을 것보다는 피부 자극을 통한 심리적인 안정과 발달이 중요하다는 원숭이 실험이 있다. 해리 할로라는 미국의 심리학자가 한 유명한 연구다. 원숭이 새끼를 태어나자마자 엄마와 분리하고 나서 인공 엄마 둘을 만들어줬다. 한 엄마는 철사로 만든 엄마이고 우유병이 있다. 또 다른 엄마는 천으로 감쌌지만 우유병은 없었다. 새끼 원숭이를 관찰하자 원숭이는 배가 고플 때는 철사로 만든 엄마에게 가서 우유를 먹었지만, 바로 천으로 감싼 엄마에게로 돌아왔고, 거의 하루 종일 천 엄마에게 매달려서 지내었다.

2차 세계대전 이후에 불가리아의 한 고아원에서 있었던 일이다. 아이들을 먹여주고 옷을 입혀주며 의식주를 잘 제공해주었지만, 아이들의 머리를 쓰다듬거나 안아주는 것을 금했다고 한다. 그러자 아이들은 양질의 음식을 제공함에도 불구하고 삐삐 말라가기 시작했었다. 즉 아이들은 먹는 것을 통해서만 자라는 것이 아니다. 스킨십을 통해서 안락감과 만족감을 느껴야 자라는 것이다.

생쥐가 태어나자마자 어미로부터 분리를 했다. 그리고 한 생쥐에게는 붓질을 전혀 해 주지 않았고, 한 생쥐에게는 털 구석구석을 젖은 붓으로 쓰다듬어 주었다. 그러자 쓰다듬었던 생쥐의 해마에서 뇌 신경 뉴런이 많이 발달하는 모습을 보였다고 한다. 해마는 학습과 기억력에 중요한 역할을 한다. 이렇듯 스킨쉽과 적절한 피부자극이 뇌 발달에 도움이 된다.

어린 시절부터 안아주고 만져주고 뽀뽀해 주는 것이 아이의 성장과 정서적 안정 그리고 두뇌 발달에 중요하다. 아이에게 스킨십을 많이 해주는 것이 필요하다. 피부를 통해서 감각을 느끼고 외부 세계의 자극을 받기 때문이다. 물론 나이가 먹으면서부터 자기 신체의 경계를 인정받고 싶어 하는 주체성이 생기기 때문에 신체 영역을 존중해줘야 한다. 청소년기가 되면 아이는 그 영역의 경계를 명확하게 하면서 영역 안에 들어갈 수 있는 대상을 제한한다. 따라서 부모는 어디까지가 아이의 영역이라는 것을 알고 그 영역 안에 불쑥 들어가는 것은 아이의 원초적인 경계심과 화를 돋을 수 있기 때문에 주의해야 한다. 부모가 볼 때에는 언제나 어린 아기 같지만, 아이 입장에서는 완전히 다른 사람인 것이다.

따라서 어릴 때 아이와 스킨십을 많이 하는 것이 중요하다. 부모의 가치관에 따라 달라질 수 있는 것이고, 어떤 것이 옳다고 보기는 어려운 문제이지만, 부모랑 같이 자는 것도 아이의 정서 발달이나 두뇌 발달에 도움이 될 것으로 보인다. 서구에서는 신생아 때부터 아이와 떨어져서 잔다. 그런데 그 이유가 아이의 독립심을 길러주기 위한 것도 있지만, 개인적인 사생활을 아이에게서 침해받고 싶어 하지 않는 서구인들의 특성 때문인 경우가 많다. 그래서 서양의 동화책 중에는 혼자 자기 무서워하는 아이들을 위해 '혼자서도 잘 잘 수 있다'라는 것을 강조하고 설득하는 동화가 유독 많다.

침대와 온돌의 사용 차이 등 많은 문화적인 차이가 이러한 양육의 차이를 만들었을 수도 있지만, 중요한 것은 거친 타월과 같은 다양한 피부 자극, 엄마와 함께 자주 하는 스킨십이 아이의 두뇌발달에 도움이 된다는 것이다.

실제로 최근의 외국의 한 연구에서는 밤에 깨어 부모에게 가서 부모 품에서 자는 아이들이 그렇지 않은 아이들에 비해 정서적으로도 안정되고 비만도 훨씬 적게 걸린다는 결과를 발표했다.

우리 아이의 두뇌를 위해 너무 부드럽게 꽁꽁 싸매기보다는 적절한 피부자극, 부모와의 활발한 스킨쉽 등을 제공해 주는 것이 필요하다.

메멘토 모리(Memento Mori)

자신의 도를 다하고 죽는 것이 바로 올바른 명(命)이다.

- 맹자

"Memento Mori", '죽음을 기억하라'라는 라틴어로 로마 시대 때부터 자주 사용되었던 말이면서 러시아의 대문호 톨스토이가 즐겨 사용한 말이기도 하다. 물론 공포영화에도 자주 나오는 문구이기도 하다. 말년의 톨스토이는 죽음에 대해서 깊이 있게 성찰하면서 그전의 방탕하고 자유로운 삶과는 달리 검소하며 절제하는 자연적인 삶을 살았다.

스티브 잡스는 17세부터 33년간 단 하루도 빼놓지 않고 아침마다 거울을 보며 다음과 같은 자문을 했다고 한다. '오늘이 만약 나의 마지막 날이라면 오늘 내가 하려는 이것을 할 것인가?' 만약 '아니오.'라는 대답이 나온다면 잡스는 그 일이 자기 인생에서 소중한 일이 아니라는 것을 깨달을 수 있었다고 하며, 그 대답을 바탕으로 중요한 사항을 결정했다고 한다.

인간은 누구나 죽는다는 것, 당연한 결말을 인식하느냐와 인식하지 못하고 사느냐에 따라 현재의 삶이 달라질 수 있다. '영원히 살 것처럼 꿈꾸고, 내일 죽을 것처럼 살아라.'라는 말이 있다. 인간의 한계인 죽음을 생각하면 지금 현재 중요하게 여겼던 여러 가치들이 사실상은 별것이 아니라는 것을 깨닫게 된다. 우리 아이의 사소한 잘못에 화를 내는 것, 남을 미워하는 것 등 말이다. 반대로 현재 소홀하게 하고 있는 것들의 중요성을 깨닫게 되기도 한다. 아이와 사소한 시간을 함께 즐겁게 보내는 것의 소중함 등 말이다.

만약 우리가 내일 죽는다고 생각하면 어떻게 오늘을 살게 될까?

사람마다 다르겠지만, 많은 사람들이 그러한 상황에 처할 때 나오는 대답이 거의 비슷하다고 한다. 바로 다른 사람을 돕고 다른 사람에게 해 주지 못했던 좋은 감정을 나누어주는 것을 원한다고 한다.

미국의 9·11테러 때에도 빌딩이 붕괴되기 직전, 죽음을 앞두고 남은 마지막 자신의 시간을 거의 대부분의 사람들이 가족에게 전화하여 사랑한다는 이야기를 하는 데 썼다고 한다.

잘 살기 위해서 돈, 성공 등을 중요하게 생각하면 조급한 마음을 갖게 되고 부작용이 따라오는 경우가 많지만, 역설적이게도 어떻게 죽을 것인가를 생각하는 사람은 바르게 살게 된다.

　죽음을 생각하면 지금 소중한 것이 무엇인지를 깨닫게 된다. 다른 아이보다 뒤떨어진 아이에게 화를 내는 것이 중요한 것이 아니라 지금 이 아이를 꼭 껴안아 주는 것이 중요하다는 것을 알게 된다.

　또 죽음을 생각하면 자만하고 오만한 마음이 없어지고 자연과 우주 앞에 겸손해진다. 세상의 섭리를 감사하게 생각하게 되고, 아무리 사소하고 작은 것이라도 고맙게 여겨지는 마음이 든다. 암에 걸렸다가 완치가 된 사람들은 그전과는 달리 매사에 감사하고 용서하며 사는 삶을 사는 경우가 많다. 또 사고 등으로 인해 잠시 죽었다가 살아난 임사(任死)체험을 한 사람들이 그 이후에 더욱 자신의 삶을 충만하게 살았다는 경험담을 얘기하는 경우가 많은 것도 같은 이유이다.

　유한하고 미미(微微)한 '나'라는 존재 앞에 있는 자연과 우주가 광대하고 경이롭게 느껴지며 우리를 위해 앞서 간 조상들이 남긴 여러 가지 지혜의 유산들이 가치 있고 고맙게 여겨지게 된다. 지금 이 인생을 남을 미워하고 시기하고 내 눈앞의 욕심을 챙기기보다는 다른 사람들을 위해 무언가 가치 있고 도움을 줄 수 있는 일을 하고 싶다는 생각이 들게 되는 것이다.

　내일 죽는다고 생각하면 그래서 오늘이 우리 아이와 함께 하는 마지막 날이라고 생각하면 우리 아이가 사소한 잘못을 했다고 그렇게 성을 낼 수는 없는 것이다. 오히려 안쓰럽고 고맙게도 여겨질 것이다.

나는 재난 영화를 즐겨보는 편이다. 혹성이 지구에 부딪혀 지구가 멸망하고, 대지진이 일어나고 바다에서 쓰나미가 덮치는 재난 영화를 보면서 지금 내가 안락하게 살고 있는 게 고맙게 생각되고, 만약 내가 저 상황이라면 어떨까 하고 감정이입해서 본다. 그러면 지금 내가 소파에서 무탈하게 보고 있는 현실이 고마우면서 또 '열심히 살아야겠구나!' 라는 마음이 든다.

마찬가지로 어려운 우리 이웃의 모습이 담긴 다큐멘터리도 많은 감동을 준다. 가장 비참하고 어려운 처지에서 힘든 병을 얻었지만 삶을 비관하거나 포기하지 않고 성실하게 살아가는 많은 이웃의 모습을 보면 그분들이야말로 진정한 인생을 사는 것 같은 생각이 든다. 사소하게 여겼던 많은 감정들, 남이 지나가다 내 어깨와 부딪히면 화가 나고, 점원이 친절하게 대해주지 않는다고 기분이 나빠지고, 새치기를 당하면 내 권리가 침해받는 것 같은 이 모든 것들이 사실은 아무것도 아니라는 것을 느끼게 된다.

내가 가진 것으로 남을 돕는 것은 거창하게 시작하지 않아도 된다. 사소한 친절과 미소 띤 눈맞춤이면 충분하다. 아이에게도 마찬가지이다. 아이가 힘들어하는 바를 공감하려고 애쓰고 내가 아무리 다른 일로 지치고 스트레스를 받아 있는 상태라고 해도 아이에게는 언제나 친절하려고 애쓰자는 마음을 갖는 게 중요하다. 신기하게도 그렇게 아이에게 마음을 주고 나면 오히려 지치고 스트레스 받았던 나의 마음 상태도 에너지를 받아 기운이 난다.

　죽음 앞에 후회 없는 삶이 되도록 하기 위한 방법은 무엇일까? 해야 할 일을 즐기면서 행복한 삶을 사는 것이다. 더 많이 웃고, 더 많이 행복해하고, 더 많이 감사하고 사는 것이다. 실패에 대한 실망은 최소한으로, 작은 성공에 대한 감사는 크게 느끼면서 살도록 하면 훨씬 풍성한 삶을 살 수 있다.

아이에게 집안일을 부탁하자

대학생이 되어서도 자기 옷 빨래, 청소, 설거지, 밥하는 방법을 모르는 아이들이 많다. 관공서에서 서류를 떼는 일이며, 백화점에서 물건을 환불해야 하는 일도 어떻게 하는지 몰라 엄마를 기다리는 경우도 적지 않다. "공부만 해라. 엄마가 다 해 줄게."라는 식의 양육을 받은 아이들이 이러한 경우가 많다.

반면 어린 시절부터 부모가 몇 가지 조언만 해주고 어떻게 하는지는 스스로 경험하면서 터득한 아이들도 있다. 이런 아이들은 부모와 떨어져 생활할 일이 생겨도 스스로 하루 일과를 마무리하고 다음날의 일을 계획할 수 있다.

만약 엄마가 직접 해 주지 않고 조언만 해 주었다면 어떻게 될까? 아마도 훨씬 빨리 세상 사는 법을 터득했을 것이다. 그 당시에는 힘들었겠지만, "너는 공부만 해. 공부할 시간도 모자라니 설거지하지 말고 그 시간에 방에 들어가서 공부를 해!"라고 하지 않고, "설거지 좀 해라."라고 시켰을 때 훨씬 능력이 늘어났을 것이다. 엄마들은 공부할 시간도 없는데 집안일을 어떻게 시키냐고 얘기하지만, 사실 세상 일 중에 시간이 없어서 못 하는 경우는 많지 않다.

오히려 시간이 없어야 더 몰입해서 잘하게 된다. 시간이 절대적으로 부족할 때 성적이 놀라울 만큼 잘 나온다. 뇌의 몰입도가 최고조에 이르러 뇌의 활동이 최고로 가용된다. 그리고 몸을 움직이는 다양한 활동이 뇌를 오히려 활성화시킨다.

공부 때문에 아이에게 집안일을 도울 기회를 빼앗지 마라. 또 딸이라면 나중에 시집가서 실컷 할 텐데 안타까워서, 아들이라면 부엌에 드나드는 건 남자가 할 일이 아니라며 집안일을 하지 못하게 해서는 안 된다. 아이를 진짜 사랑한다면, 아이가 설거지도 해 보게 하고, 물건도 혼자 사보게 하고, 병원도 혼자 가보게 해야 한다.

외국의 아이들은 실제로 우리 아이들보다 혼자서 할 줄 아는 일들이 많다. 그래서 혼자 무언가를 해 보는 것이 당연하다고 여기고 거부감이나 부담감을 적게 느낀다. 초등학교 3학년 때 미국에 간 일이 있었는데, 그때는 비행기는커녕 매일 등하고 하는 버스 이상의 것은 혼자서 타볼 생각도 못했었다. 그런데 나와 같은 나이의 미국에 사는 친척 아이는 부모가 공항까지만 바래다주고 혼자 비행기를 타고 한국까지 오갔고, 그것을 당연하게 여겼다. 당시에는 상당히 놀랐었는데, 지금 생각해 보면 그때 나도 그런 시도를 해

봤어야 했던 것 같다.

〈아프니까 청춘이다〉의 김난도 교수는 저서에서 '인생의 핵심은 주체성이다.'라고 하였다. 김난도 교수는 공부를 잘한 수재, 입이 딱 벌어지는 스펙을 가진 아이들이 정말 공부 이외에는 다른 것은 전혀 할 줄도 모르는 것을 보고는 깜짝 놀랄 때가 많았다고 한다. 즉, 학교 교육만 신경 쓰다가는 아이를 바보로 만들 수도 있다고 하였다. "엄마를 넘어서라. 이제는 엄마라는 목발을 놓고, 힘들더라도 그대의 발로 단단히 서라. 처음에는 엄마의 부재에 나 홀로 남은 불안이 엄습하고, 금단현상마저 올지도 모른다. 하지만 한 발짝, 한 발짝, 자신의 걸음을 걸어야 한다. 그 경주의 끝에 비로소 온전한 그대가 있다."라는 김난도 교수의 말을 새겨들을 필요가 있다.

엄마나 잘하자

아이가 커서 중고등학생이 되면 "엄마나 잘 해" "엄마는 잘했어?"라는 이야기를 하는 경우가 많다. 청소년기에 아이들은 무조건적으로 엄마의 말을 듣기보다는 엄마의 언행을 관찰하고 나름대로 판단을 하는 것이다. 엄마나 자신이나 동일한 기준을 적용받고 싶어하고, 그러지 못할 때에는 불공평하다고 여긴다. 반면 엄마 입장에서는 자존심이 상하면서 그동안 양육에 쏟은 정성에 대한 보답이 이건가 하는 서러움에 눈물이 왈칵 쏟아지게 된다. "자식이고 뭐고 다 필요 없어." 늦게 들어와서 어리둥절해하는 남편도 확 꼴 보기 싫어진다.

어릴 때에는 엄마가 거의 신적인 존재이다. 엄마의 명령은 지상 명령이고, 황금률이다. 그런데 점차 엄마가 이중적인 잣대를 들이대는 것을 아이가 눈치채기 시작하면 위와 같은 상황이 발생하게 되는 것이다.

"왜 나보고는 똑바로 앉아서 보라고 하고서는 엄마는 소파에 누워서 TV 봐?", "밤늦게 뭐 먹지 말라더니 왜 엄마는 9시 넘어서 먹어?"라는 이야기가 나온다.

"엄마는 어른이잖아. 엄마는 다 커서 괜찮아."라는 궁색한 변명을 늘어놓지만, 사실상 어른이라는 변명만으로는 아이를 설득시키기에 부족하다. 엄마가 자세를 고치고 습관을 고치도록 노력해야 한다.

아이는 클수록 객관적인 시선으로 엄마를 바라보게 된다. 엄마의 한계도 인식하게 되고, 엄마의 말에 대한 가치 판단도 생기게 된다. "엄마도 한계는 있지만, 늘 옳은 것을 하려고 노력하는구나, 나에게 얘기한 대로 실천하려고 노력하는구나."라는 것을 알면 아이는 엄마를 존경하고 엄마의 말을 더 신뢰하게 된다

한석봉의 어머니가 방구들에 드러누워 "너 글씨 좀 써 봐라, 얼마나 늘었나 보게."라고 하면서 "글씨가 이게 뭐야. 노력을 더 해야지. 아직 멀었어."라고 얘기하면 한석봉 반응이 어땠을까? "쳇, 가난해서 학자금도 제대로 대 주지도 못하면서 내가 어디 공부 하나 봐라."라고 하지 않았을까? 그런데 빼도 박도 못하게 엄마가 칼질을 하신다. '네가 정진하는 것처럼 나도 정진하고 있다.'는 것을 실행으로 보여주는 것이다. 어떠한 말이나 변명이 통하지 않게 된다. 잔소리도, 아이의 자존심을 긁을 필요도 없다. 우리는 모두 한석봉

어머니의 일화를 알고 있지만, 이 일화에서 진정으로 엄마들이 자식에게 어떤 모범을 보여야 하는지를 깨닫는 사람은 별로 없다.

아이들 심리검사를 하다 보면 머리는 좋은데 도덕 규범이나 사회적 규칙에 대한 이해가 부족한 아이들이 있다. 이런 아이들은 대체로 부모가 역할모델을 잘 안 해 주었을 가능성이 있다.

"착한 아이가 되어야지, 친구들과 사이좋게 놀고, 남의 것을 뺏으면 안 되는 거야. 규칙도 잘 지켜서 놀고." 잔소리는 매일 했지만, 운전 중에 늦게 가는 앞 차에 화를 내고, 음식점에서 새치기를 한다. 길거리에 휴지도 무심코 버리고, 지하철에서 남을 비집고 들어가 앉는다.

엄마가 잘해야 아이도 배운다. 윗물이 맑아야 아랫물이 맑다. 우리가 정치인이 모범을 보이지 못하는 모습을 보면서 혀를 차며 개탄하는 것처럼, 아이도 엄마의 허술한 뒷모습을 보면서 혀를 끌끌 차고 있을지도 모른다. 엄마가 모범을 보이는 것은 공자가 얘기한 것처럼 남에게 원하는 바를 내가 먼저 행하는 것과 같다. 아이에게 바라는 점을 내가 먼저 실천하는 것이 필요하다.

아이가 오락을 30분만 하기를 바라면서, '나'는 드라마를 밤새워서 본다. 아이에게 아침마다 공부 좀 하고 가기를 바라면서, '나'는 헐레벌떡 일어나 겨우 아침밥을 차린다. 아이가 진득하게 앉아서 책을 읽기를 바라면서, '나'는 책 한 권도 안 읽는다. 다른 아이와 싸우지 말라고 하면서, '나'는 음식점 종업원에게 신경질을 낸다.

"엄마나 잘해"라는 아이 말이 틀린 거 없다. 이 말을 듣기까지 내가 그동안 아이에게 얼마나 신뢰를 잃을 일을 많이 했는지를 돌이켜 반성해 보는 게 필요하다.

아직 어린아이를 둔 엄마라면 아이가 "근데 엄마는 왜 그래?"라는 말이 나오기 시작하면 긴장해야 한다. 아이는 엄마의 일상을 바라보고 판단의 기준으로 삼기 시작했다는 말이기 때문이다.

위에 있는 사람은 아래에 있는 사람을 쉽게 생각하고 무시하기가 쉽다. 어린아이도 나를 평가하고 있다는 것을 깨닫지 못하고 교만과 아집에 빠져 있는 경우가 많다. 항상 아이에게 모범이 되도록 지금부터 자신의 악습을 고치고 엄마나 잘 하도록 하자.

화내는 것도 습관이다

> 습관은 그것을 낳은 변화를 넘어서 존속하는 것이다.
> - 라베송 (프랑스 철학자)

우리 뇌에는 엄지손톱만 한 크기의 편도체가 있다. 영어로는 아미그달라(amygdale)라고 하는데, 파충류부터 포유류에까지 존재하며, 원시시대부터 지금까지 생존과 관련된 감정에 일차적으로 관여하고 있는 부위이다. 편도체는 불쾌한 상황에 대한 감정을 촉발시킨다. 따라서 갑자기 놀랐거나 위험하거나 극히 불안한 상황에 닥치면 분노, 증오, 슬픔, 절망, 공포 등의 부정적인 감정을 만들어낸다. 그래서 보통 화는 서서히 생각을 좀 해 보고 나는 게 아니라, 순간적으로 불이 확 붙는 것처럼 난다.

약 5세 이전까지는 다양한 경험을 하면서 겪는 감정을 이 편도체를 통해 느끼게 되고, 나이가 들어 이성적인 판단과 사회적인 개념이 확장되면서부터는 대뇌피질을 통해 섬세하고 세련되게 감정을 조절하는 법을 배우게 된다. 그래서 어린 시절 학대나 무시, 감정적인 상처를 많이 받은 아이들은 나중에 커서 비슷한 상황이 오면 어릴 때의 기억과 경험에 의존하여 편도체가 활성화되어 증오나 분노, 또는 소외감 같은 강력한 감정에 쉽게 휩싸이게 된다. 어린 시절 엄마가 자주 화를 내는 것을 볼수록 아이도 사소한 것에 쉽게 화를 낸다.

어른이 되면 대뇌피질 중 전두엽 기능이 발달해서 상황을 객관적으로 보고 분노를 조절할 수 있는 능력이 생기게 된다. 엄마가 분노나 좌절감 등의 부정적인 감정을 전두엽을 통해 어떻게 조절하는가를 아이가 보면서 자신의 감정을 조절하는 전두엽의 기능이 발달되게 된다.

많은 엄마들이 남에게는 참으면서 아이들에게는 쉽게 화를 낸다. 그런데 대부분은 화를 내는 이유는 별것 아닌 것에서 출발한다. 바쁘고 마음의 여유가 없을 때, 아이가 내 맘대로 움직여주지 않을 때가 아이에게 화를 내는 가장 흔한 이유이다.

남과 있을 때는 엄마도 자신의 전두엽을 사용하여 남과 대화하고 설득하고 감정을 조절하는 기능을 하지만, 아이와 있을 때에는 원시 뇌인 편도체의 활동에 맡겨버리는 것이다.

편도체의 화나는 감정을 식히기 위해서는 생각을 전환시키기 위한 시간과 인지적인 노력이 필요하다. 우선 흔히 사용하는 숫자를 세거나 암기하고 있던 경구를 외는 것이 도움이 된다. 또 감정에 이름을 붙여주는 것도 좋다. "이건 화다. 이건 불안이다."라고 스스로의 감정을 객관적으로 파악을 해주면 감정이 커지는 것을 막을 수 있다. 지금 내가 왜 화를 내고 있는지, 누구에게 화가 난 것인지, 일어날 수 있는 최악의 상황과 최선의 상황이 무엇인지를 생각해보는 것이 좋다. 즉, 어떠한 과정이든지 편도체에서 활활 타고 있는 감정을 그대로 두지 말고 전두엽을 거친 생각으로 감정을 조절할 수 있다는 것이다.

아이에게 화가 나는 것은 그동안 눌러두었던 습관적인 생각들이 자동적으로 편도체를 자극하기 때문이다. 남편은 손 하나 까딱하지 않고 나만 아이 보는 데 힘이 든다는 평상시의 억울함, 아이는 항상 나를 괴롭게 하고 힘들게 한다는 피해의식, 아이 때문에 여러모로 손해를 보고 있다는 생각 등이 평상시에 억눌려 있다가 용수철처럼 나도 모르게 튀어나오기 때문에 화가 활활 타게 된다. 그러나 화가 가라앉고 나서 보면 항상 후회를 한다. 아이에게 미안하고 불쌍하고 자신이 밉다. 왜냐하면 그제서야 전두엽의 이성적인 판단이 돌아오기 때문이다.

따라서 화가 날 때에는 미숙한 편도체에게 휘둘리지 말고, 다음과 같은 생각으로 전두엽을 활성화시키고 감정을 전환하는 게 필요하다. 첫째, 화가 나는 원인을 제대로 파악하자. 내가 아이 때문에 화가 났는지, 다른 사람 때문인지 아니면 나 자신이나 상황 때문에 화가 났는지 원인을 파악하는 게 중요하다. 대개의 경우 화가 나는 원인을 파악해 보면 아이가 그 원인이 아니라는 것을 알게 된다.

둘째, 아이가 화의 원인이 아님을 명확히 해서 절대 아이에게 화를 투사하지 말도록 한다. '종로에서 뺨 맞고 한강에서 눈 흘기는 것'은 아이의 정서에 억울함과 부당함만 심어주게 된다.

셋째, 완벽주의와 조급함을 버리자. 아이에게 화를 내는 원인 중 많은 부분이 완벽주의와 조급함에서 비롯된다. 조금만 넉넉하게 여유로운 마음을 가지자.

넷째, 문제를 심각하게 보지 말고 예상치 못한 웃음보를 터뜨리자. 빵빵하게 부풀어 오른 풍선은 긴장감이 고조되면 터질 수 있다. 이럴 때 한쪽에서 바람을 빼주듯이 예상치 못한 웃음을 터뜨려버리면 감정이 훨씬 편해지게 된다. 아이의 잘못이나 문제상황을 심각하게만 보지 말고, "참 오늘 같은 날은 진짜 웃기는 날이다. 허, 살다 보니 이런 날도 있네."라고 생각하고 웃어버리자.

아이에게 화를 자꾸 내다보면 편도체가 더욱 활성화되어 사소한 일에도 화가 나게 된다. 그래서 아무것도 아닌 일에도 화가 나고 말도 퉁명스럽게 나오게 된다. 편도체가 아이와 관련된 것을 습관화를 시키기 때문이다. 반대로 아이에게 친절하게 대해주는 것도 습관이다. 따라서 원시 뇌의 노예가 되지 않도록 아이에게 인내심을 가지고 웃어주고 친절하게 설명해주는 습관을 강화시켜야 한다. 처음에는 의식적으로 노력해야 하지만, 나중에 습관으로 획득되면 자연스럽게 아이에게 긍정적인 감정을 주게 된다.

   아이가 우리의 인생에 들어온 이상 환경이 바뀌었다고 봐야 한다. 아이가 없을 때 내가 행하던 대로 환경을 맞추기란 불가능하다. 그렇다면 우리가 환경에 맞게 새로운 습관을 만들어 나가는 게 필요하다. 아이에게 화를 내지 않는 습관을 만드려면 처음에는 의식적으로 노력을 해야 한다. 한두 번 해서 안 된다고 포기하지 말자. 의식적인 노력이 시간의 흐름에 따라 반복되어야 자연스럽게 습관이 된다는 사실을 명심해야 한다.

Chapter 5

아이와 함께 좋은 엄마 되기

좋은 엄마가 된다는 것은 엄마 혼자서 할 수 있는 일이 아니다. 또 좋은 엄마가 되기 위한 과정은 아이와 함께할 때 더 의미가 있다. 좋은 엄마가 되기 위해 연습하고 실천해야 하는 대상이 바로 아이이고, 아이와 함께하는 과정 중에서 아이와의 교감이 싹트고 아이와 엄마 모두가 발전할 수 있다.

여성에게 있어서 아이가 태어나기 이전의 삶과 이후의 삶은 완전히 다르다. 여성은 엄마라는 과정을 거치면서 그 전에 주어진 사회적인 역할이나 자기인식, 그리고 인생을 바라보는 가치관 및 생활습관 등이 완전히 달라지게 되는 경험을 하게 된다. 아이가 없을 때에는 자신의 발전이나 커리어를 중요하게 여겼던 여성들도 아이를 낳고 난 이후에는 자신보다는 아이를 우선시하게 되어 아이를 먹이고 입히는 일들에 전력을 쏟게 된다. 아마도 여자의 일생에서 그 누군가를 이처럼 사랑하고 전적인 관심의 대상으로 삼고 몰두하는 일은 또 없을 것이다. 생물학적인 본능이 주는 양육 본능과 함께 사회적 생활을 해야 하는 상황이 합쳐져 엄마에게 아이는 이 세상의 다른 어떤 대상과는 비교가 되지 않는 특수한 감정적 이성적 반응을 불러일으키게 된다.

좋은 엄마가 되는 것은 아이와 함께 2인 3각 달리기를 얼마나 잘 해나가느냐에 비교할 수 있다. 아이와 애착을 형성하고 호흡을 맞춰가며 같은 목표를 향하여 달려나가는 것이다.

이 경기를 잘하려면 우선 엄마는 아이와 한마음이 되어야 한다.

기분 좋은 관계로 서로 사랑하고 믿고 의지하는 마음이 있어야 한다. "과연 애가 잘 달릴 수 있겠어? 또 넘어지는 거 아냐?"라고 의심해서는 잘 될 리가 없다. 아이 입장에서도 마찬가지이다. "엄마가 잘할 수 있을까? 나한테 못한다고 혼내지나 않을까?"라고 시작도 하기 전에 불안해한다면 달리기가 성공할 수 없다.

둘째, 엄마와 아이 사이에 호흡이 맞아야 한다. 엄마가 혼자 급한 마음에 앞서 가서도 안 되고, 너무 느려 아이의 속도를 쫓아가지 못해도 안 된다. 엄마는 아이의 성장 속도와 이해 정도에 맞게 아이와 발걸음을 맞추어 주어야 한다. 아이가 발걸음이 느리거나 달리기에 미숙하다고 화를 내거나 재촉만 해서는 안 된다. 반대로 아이는 열심히 달리려고 하는데 엄마가 귀찮아하거나 의욕이 없어 아이와 속도를 맞추지 못한다면 그것도 걸음이 엉키면서 넘어지게 되는 요인이 될 수 있다. 아이들의 속도는 모두 다르다는 점을 인식해야 한다. 어떤 아이는 처음에는 느리다가 워밍업이 되고 제 속도를 내는 아이도 있고, 어떤 아이는 처음에는 잘 달리다가도 금방 지치거나 쉽게 포기하려 할 수도 있다. 문제는 엄마가 이런 아이의 상태나 속도를 잘 보고 인내심을 가지고 맞춰 주는 것이 필요하다.

셋째, 엄마는 아이와 함께 가야 할 방향을 제대로 제시해주어야 한다. 엄마 혼자 목표지점이나 가는 길을 독단적으로 정해서도 안 되고, 아이가 알아서 가도록 내버려 둬도 안 된다. 아이가 가야 할 길을 두고 다른 곳에 한눈을 팔거나 옳지 않은 방향으로 가려고 하면 길을 제대로 찾도록 격려하고 아이가 잘 달릴 수 있도록 방향을 잘 지시해 주어야 한다. 또 아이가 달리기의 의미를 잃어버리거나 목표에 대한 관심이 적어지면 목표에 도달해야 하는 이유 등을 설명하여 주고 의욕을 북돋워 주어야 한다.

　이렇게 엄마가 된다는 것은 아이와 함께 달리면서 코치도 되었다가 트레이너도 되었다가 연습 파트너도 되었다가 하는 등의 다양한 역할을 겸비해야 하는 일이다. 엄마가 된다는 것은 정말로 대단한 일이고 경이로운 체험이다. 이 장에서는 아이와 함께 발전하는 좋은 엄마가 되기 위한 다양한 방법들과 마음자세를 알아보기로 한다.

모든 것을 용서하고 품어주어라

인간은 우주라 불리는 전체의 티끌에 불과하다. 인간은 자신을 우주와 분리된 개체로 보며 살아가지만 그건 시각적 착각일 뿐이다. 이런 착각이 인간을 고통의 감옥에 빠트린다. 이 비좁은 감옥에서 벗어나 모든 생명체를 연민의 감정으로 껴안고 살아야 한다. 물론 그런 완전한 경지에 이를 사람은 아무도 없겠지만, 비좁은 감옥에서 벗어나려는 노력 자체만으로 고통에서 해방될 수 있다.

- 아인슈타인

 우주적인 관점에서 내가 사는 곳을 바라보면 지금 집착하고 매달리고 짜증을 내는 모든 것들이 아무것도 아닌 것으로 느껴진다. 지금은 용서하지 못할 일이라고 생각을 하지만, 90세가 되어서 지금을 돌이켜 본다면 아무것도 아니다는 생각이 들 것이다. 아마도 '시간을 되돌릴 수 있다면 내가 자존심을 조금 더 줄일 걸, 조금 더 용서하고 사랑해 줄 걸'이라고 후회를 할 수도 있다.

아이가 저지른 잘못은 사실 들여다보면 용서하지 못할 것이 없다. 아이의 사소한 실수는 관대한 마음으로 봐줘야 한다.

아이는 일부러 엄마를 괴롭히거나 힘들게 하기 위해 나쁜 마음을 먹고 실수를 하는 것은 아니다. 아이가 실수를 반복해서 저지르더라도 아이에게 바로잡고 새롭게 잘해 볼 수 있는 기회를 항상 주어야 한다.

아이가 잘못을 했을 때 언제든 누구나 저지를 수 있는 실수라고 가볍게 봐야 한다. 그러지 않고 처벌적인 기준으로 바라보면 아이와 엄마와의 관계에 문제가 생긴다. 아이가 주의를 기울이지 않아서 혹은 덤벙거려서 엄마가 누차 이야기했던 것을 반복해서 잘못하더라도 말이다. 엄마가 정해놓은 기준에서 벗어났다고 용서하지 못하면 안 된다.

아이가 실수를 반복한다면 그것은 엄마가 요구하거나 지시한 것을 충분히 이해하지 못했기 때문일 수 있다. 또 그 중요성이 아이에게는 절실하지 않아서 할 마음이 생기지 않았기 때문에 깜빡 잊어버릴 수 있다.

해결방법은 아이가 충분히 납득하고 이해할 수 있게 설명을 해주거나, 할 마음이 생기도록 동기부여를 시키거나, 혹은 잊어버리지 않게 메모를 해주거나 상기시켜주면 된다.

아이가 주의력이 떨어지고 산만하여 엄마가 한 말을 제대로 기억하지 못할 수도 있고, 다른 곳에 정신이 팔려 잊어버릴 수도 있다. 엄마가 해 줘야 할 역할은 아이가 말을 듣지 않은 것에 초점을 맞추는 것이 아니라 왜 엄마의 지시를 잘 기억하거나 실행하지 못하는가에 초점을 두어야 한다. 그 이유를 알면 엄마는 다그치기보다는 도와주는 방법을 찾을 것이기 때문이고, 그 방법을 찾아 도와주면 아이와 엄마와의 관계도 개선되고 아이가 엄마의 지시를 더 잘 받아들이거나 실행하는 데 있어 훨씬 효율적인 결과를 낼 수 있기 때문이다. 행동의 결과에 따른 피드백을 하는 것보다 그 행동의 원인을 찾아 교정하는 과정에서 엄마도 아이도 많은 것을 배울 수가 있다.

문제를 너무 심각하게 바라보거나 엄마가 융통성 없이 고집스럽게 상황을 보기 때문에 용서하지 못하게 되는 경우도 많다. 언제나 아무리 심각하다고 생각되는 일이라도 우선은 용서하고 품어주자.

이렇게 하는 것이 중요한 이유는 아이와 엄마의 관계는 무슨 일이 있어도 믿고 의지하고 사랑하는 관계로 유지되어야 하기 때문이다. 그래야 아이가 혹여 사춘기가 되어 방황을 하더라도 돌아가고 싶은 집이 생기게 된다. 나를 용서하지 않던 엄마를 미워하면서 스스로를 해치는 삶을 살지 않고, 사랑하는 엄마를 실망시키지 않겠다는 생각으로 비뚤어지지 않고 바른 삶을 살 수 있는 원동력을 엄마가 만들어줘야 한다.

장발장이 자신을 믿고 용서하여 준 신부님을 생각하며 훌륭한 삶을 살았듯이 어린 시절부터 엄마가 품어주고 용서하여 주는 것이 앞으로의 아이의 인생에 도움이 될 수 있다.

그렇다고 아이의 잘못을 무조건 덮어주거나 방치해서는 안 된다. 엄마는 아이가 잘못하고 있는 것은 계속 알려주고 고쳐주며, 엄마가 자신의 가능성을 믿어주고 새롭게 교정할 수 있다는 희망을 항상 심어주어야 한다.

엄마는 이 세상 모든 것을 다 품어주고 용서해 줄 수 있는 크나큰 바다와 같은 마음을 선물하자.

어떠한 상황에서도
언제나 긍정적으로

감옥 문창살 사이로 밖을 내다보는 두 죄수가 있다.
하나는 하늘의 별을 보고, 하나는 흙탕길을 본다.
- 델마 톰슨(미국 작가)

〈언제나 나답게〉라는 동화책이 있다. 달팽이, 뱀, 코끼리, 하마 등이 나와서 각자의 나쁜 점을 이야기하다 결국은 자신의 좋은 점을 발견하게 된다는 내용이다. 이 동화책의 결론은 내가 다른 친구들에 비해 부족한 점이 있더라도 언제나 긍정적인 관점으로 자신의 장점을 살펴보면 행복한 삶을 살 수 있다는 것이다.

에이미 뮬린스(Aimee Mullins)는 장애인올림픽 금메달리스트이며 모델이다. 무릎 아래 양다리가 절단된 장애를 딛고 아름다운 모델로, 그리고 스피드를 자랑하는 육상선수로서의 삶을 살아가고 있다. 또 미국 전역의 학교에서 아이들에게 강의를 하고 시련을 긍정적으로 받아들이는 깨달음을 주고 있다. 자신의 다양한 의족을 아이들에게 보여주고 새로운 의족을 추천해 달라는 요청을 받기도 한다. 아이들은 에이미 뮬린스를 만나고 나면 장애인의 '불편한 다리'로 의족을 바라보는 것이 아니라 '슈퍼맨 다리'로 바라볼 수 있는 눈을 열어준다고 한다.

장점에 초점을 맞추면 신기하게 단점이 사라진다. 아무리 어렵고 힘든 상황이어도 긍정적인 시각을 잃지 않으면 환경도 좋게 변해간다.

실제로 긍정적인 사람들이 훗날 자신의 삶에 만족하면서 행복하게 사는 경우가 더 많다고 한다.

아이를 긍정적으로 바라보기 위해서는 사물이나 현상에 대한 인식도 바꾸어야 한다. 예를 들면 아이가 달리기를 꼴등을 했을 때, "우리 아이는 달리기를 못 해"라고 보는 것과 "우리 아이는 운동신경이 없어."라고 보는 것과는 천지차이이다. 부정적인 결론의 원인을 나 자신 때문이라고 보거나, 아니면 일반적인 현상으로 확대 해석하는 것은 비관적인 사고를 키우는 원인이 된다. 이번 시험에서 수학을 0점 맞은 것은 "아이가 머리가 나빠서가 아니고, 유난히 부족해서도 아니고, 앞으로 힘들게 살아갈 징조도 아니다." 그저 "이번 시험에서 수학 공부를 안 했기 때문"이다. 친구가 아이를 생일파티에 초대하지 않은 이유는 "그 친구가 우리 아이를 싫어해서

나 우리 아이가 왕따여서도 아니다." 그저 "생일파티에는 초대하고 싶지 않았기 때문"인 것이다.

낙관적이고 긍정적인 사고가 몸에 밴(사실은 머리에 밴) 아이는 어려움에 대한 회복력이 강하고, 시련에 쉽게 무너지거나 좌절하지 않는다. 자존감이 높고 실수했을 때 자신을 쉽게 탓하지 않기 때문에 매사에 능동적이고 성공할 확률이 높아지며 우울증에 빠질 위험성이 적다.

비관적인 아이는 한 가지 안 좋은 일이 생기면 다른 일에도 똑같이 적용하여 금방 우울해한다. 아이는 집에서 부부가 싸우면 성적이 떨어지거나 친구 관계에도 영향을 받는다. 반면 긍정적인 아이는 실패나 부정적인 감정을 일반화시키지 않기 때문에 자신에게 생긴 문제가 다른 분야에도 오염이 되지 않도록 문제를 잘 차단한다. 그래서 부모가 싸워도 여전히 성적도 좋고 친구들과도 잘 지낸다.

긍정적인 아이는 성공했을 때 더욱 자신감이 생기고 다른 것도 잘 해 내게 된다. 반면에 비관적인 아이는 자신의 성공을 "운이 좋았거나 이번만 그런 것이다."라고 생각해서 다음번에 성공으로 이어가질 못하는 경우가 있다.

즉, 긍정적인 아이는 성공은 지속될 것이고, 내 덕이라고 생각하여 일반화시키고, 실패는 일시적인 것이고, 환경 탓이라고 생각하여 일반화시키지 않는 경향이 강하다. 반면 비관적인 아이는 실패는 지속될 것이고, 내 탓이라고 생각하여 일반화시킨다.

낙관적인 아이는 실패나 성공을 자신에게 유리한 방향으로 멋대로 해석하는 (어떻게 보면 뻔뻔스럽게?) 경향이 있는 것으로 보일 수도 있으나 뭔가를 시작할 때 항상 용감하다.

연구자들마다 차이가 있기는 하지만, 긍정적 사고나 비관적 사고가 유전이 되는 확률을 대략 25~50% 정도로 본다. 나머지는 유전적인 영향을 뛰어넘는 환경적인 영향이다.

아이는 평상시에 엄마가 화가 나거나 남을 비난할 때 어떻게 이야기하고 행동하는지를 다 관찰한다. 남이 내 차 앞을 갑자기 끼어들었다든지, 아니면 회사 상사가 부당한 일을 시켰다든지 돈이 없는데 아빠가 새 차를 뽑았다든지 하는 상황에서 엄마가 뭐라고 하는지를 아이는 안 듣는 것 같아도 다 듣고 있다. 아이는 나쁜 일의 원인에 대한 엄마의 말을 들으면서 그 일에 대한 설명방식, 즉 긍정적이거나 비관적인 사고방식을 고스란히 받아들이게 된다.

따라서 엄마가 어떻게 상황을 해석하고 설명하느냐를 아이들이 그대로 배우고 받아들이기 때문에 엄마가 부정적인 사고를 가지고 있다면 고쳐야 한다.

내가 지금 비관적이고 부정적인 사고방식을 가지고 그것을 다양한 삶의 장면에서 아이 앞에서 습관적으로 이야기했다면, 아이도 나와 똑같은 비관적이고 부정적인 사고방식을 가지게 되고 결국 아이의 삶의 방식이 되고 말기 때문에 주의하고 바꿔야 한다.

아인슈타인은 다음과 같이 말했다. "인생을 사는 방법은 두 가지다. 하나는 아무 기적도 없는 것처럼 사는 것이요, 다른 하나는 모든 게 기적인 것처럼 사는 것이다."

아이에게 모든 게 기적인 것처럼 긍정의 힘으로 살아가는 법을 일깨워주자.

오늘의 아이는
어제의 아이가 아니다

이 세상에 변하지 않는 것은 아무것도 없다. 오직 변하지 않는 것이 아무것도 없다는 사실만이 변하지 않는다.

-싯다르타

지금 내 앞을 흐르는 강물은 바로 전에 봤던 그 강물이 아니다. 우리가 매일 보는 아이도 사실상은 어제와는 완전히 다른 아이이다. 우리 몸도 일정 주기로 다시 태어난다. 백혈구는 10일 만에, 피부는 한 달 간격으로 완전히 새로운 것으로 바뀐다. 아이의 뇌도 어제 형성된 시냅스와 오늘의 시냅스는 다르다.

엄마들이 아이를 양육하면서 흔히들 범하는 잘못이 내가 아이를 다 알고 있다고 생각하는 것이다.

아이도 자신만의 생각이 있고, 매일매일 새로운 경험을 통해 자라므로 전과 똑같지 않다. 그런데 엄마는 늘 보던 아이기 때문에 항상 똑같을 것이라는 생각으로 아이의 마음을 쉽게 추측하는데, 그 추측이 100% 맞지 않기 때문에 오해가 갈등으로 번진다.

우리 자신도 때때로 같은 행동을 하지만 그 이유와 마음가짐은 이전과 전혀 다른 경우가 있다. 똑같이 설거지를 하더라도 어제는 시어머니에 대한 분노감으로 시끄럽게 설거지를 했지만, 오늘은 '그래도 참 고마운 분이다.'라는 경건한 마음으로 하고 있는 중에 정말로! 손이 미끄러워 쟁반을 놓쳐 시끄러워졌다. 마침 어제 그 문제로 싸웠던 남편이 나를 흘끗 보면서 짜증을 낸다. "또 저런다. 그럴 거면 설거지 하지마. 내가 할게."

어떤가, 너무 억울해서 말도 나오지 않지 않는가? 아니 저 사람이 내 맘을 어떻게 안다고 저런 식으로 지레짐작을 하는 거야?

"나는 오늘 정말로!! 좋은 마음으로 설거지를 한 거였다고!!"

"나는 지금 정말로!!! 공부를 시작하려고 했다고!!!!!"

우리 아이들이 하는 소리와 똑같다. 흔히들 저지르는 실수는 나의 잘못에는 관대하고, 남의 잘못에는 엄격하다는 것이다. 왜냐하면 내가 무엇인가를 잘못했을 때에는 그럴 만한 이유와 피치 못할 상황을 너무나도 잘 알고 있기 때문이다. 그런데 남의 잘못은 "그럴 것이다. 지난번에도 그랬으니 쟤는 이런 아이다."라고 그 숨은 이유조차 알려고 들지 않고 화를 내거나 비난부터 하게 된다.

사실은 남의 사정도 속속들이 자세하게 전후 사정을 알게 되면 이해가 된다. 일부러 나를 괴롭히려고 게으름을 피우는 게 아니다. 직장 후배가 일부러 거래처 전화를 나에게 안 전해준 게 아니다. 마침 전해주려고 할 때 상사가 일을 시켰고, 그 일을 정말 힘들게 끝내고 나서 마침 전해주려는 찰나 내가 나타나서 왜 안 전해 줬냐고 화를 낸 것이다. 기막힌 타이밍이다. 나는 내 친구에게 그 후배 욕을 할 것이고, 그 후배도 어디선가 누군가를 붙들고 소주잔을 기울이고 있을 것이다.

아이도 마찬가지이고, 남편도 시댁도 마찬가지이다. 오늘의 우리 아이는 겉모습은 똑같지만 예전의 그 아이가 아니다. 지금의 행동은 겉모습은 똑같지만 그 행동의 이유와 동기는 전혀 같지가 않은 것이다. 아이들이 정말 듣기 싫어하는 것이 "또 그랬어? 넌 언제나 그래."라고 낙인찍는 말이다.

아이의 잘못을 바라보면 늘상 봐 왔던 실수여도 마치 오늘 처음 본 것처럼 혼내야 한다. 절대로 아이들이 제일 싫어하는 고구마 캐듯 과거의 일을 줄줄이 꺼내어 잔소리를 늘어놓기를 해서는 안 된다. 그리고 반드시 그 행동을 하게 된 이유와 동기를 물어봐야 한다. 혹시라도 있을 아이의 억울함이 없게 말이다. 판관 포청천이 중국인의 사랑을 오랜 세월 받는 이유는 엄정한 법 적용이나 처벌 또는 명쾌한 해설 때문이 아니다. 피해자나 가해자나 억울함이 없도록 잘 들어주는 것, 그래서 억울한 피해자가 최대한 나오지 않도록 해 줬기 때문이다.

나의 잘못에는 오히려 엄정하게 잣대를 들이대야 한다. 나의 잘못에는 이유를 들어주지 말고 고구마 캐듯 줄줄이 캐야 한다. 오늘도 저녁에 야식을 시켜 먹었다면, '아 낮에 너무 못 먹어서 배가 고팠나 봐.'라고 이해하고 지나갈 것이 아니라, '가만 생각해보자. 지난번에도 그랬었고, 며칠 전에도 그랬었지, 왜 똑같은 행동을 계속했을까. 이거 심각하구나,'라고 뼈저리게 반성하고 철저하게 등에 식은땀이 나도록 원인을 찾고 반성을 해야 한다.

그리고 우리 아이를 비롯한 남의 잘못에는 반대로 마치 처음 본 것처럼 처리해야 한다. 잘못을 한 이유와 동기를 차분하게 물어보고, 그 잘못을 옆에서 바라보고 있는 나의 감정과 생각 및 우려감을 솔직하게 표현하고 걱정해주고 앞으로 그러한 잘못을 하지 않기 위해서 어떻게 할 것인가를 같이 상의해 봐야 한다. 그리고는 앞으로의 대비책을 마련해 놓았거나 그 사람이 충분히 그 잘못으로 인한 책임을 졌다면 그 사람의 잘못을 잊어버려야 한다.

불교에서는 공(空)이라는 개념이 있다. 공은 모든 집착을 버리고 외부를 있는 그대로의 모습으로 평화롭게 바라볼 수 있는 상태가 되는 것을 말한다.

자신을 포함한 모든 것들을 과거와의 연결하에 불변하는 것으로 바라보기보다는, 모든 것들은 인연의 마주침으로 생긴 것으로 변하지 않는 것은 없다는 생각으로 집착 없이 바라보는 시선이 우리가 아이를 바라볼 때에도 필요하다.

황희 정승의 누렁소,
검은 소 일화를 배워라

황희 정승이 젊을 적 길을 걷다 검은 소와 누렁소로 밭을 가는 농부를 보고 "두 놈 중 누가 더 밭을 잘 매오?"라고 물어보았다. 그러자 농부는 헐레벌떡 뛰어와서 황희정승의 귀에 대고 "검둥이가 조금 더 잘 매오."라고 속삭였다고 한다. 황희 정승이 뭐 그런 얘기를 여기까지 뛰어와서 속삭이냐고 묻자 농부는 "누렁소가 들으면 기분 나빠 할까 봐 그럽니다."라고 하여 황희 정승이 크게 깨달았다는 일화가 있다. 비록 말을 알아듣지 못하는 짐승이지만, 그에 대해 안 좋은 이야기를 할 때 혹시나 기분이 상하지 않을까 배려하는 농부의 소를 사랑하는 마음이 느껴지는 일화이다.

어린아이들 앞에서도 말을 조심해야 한다. 가족이기 때문에 다 내 진심을 알겠지 라고 생각해서 말을 함부로 해서는 안 된다. 어리니까 못 알아듣겠지, 가족이니까 이해해주겠지 라는 생각으로 아무 말이나 하다가는 가족이 상처를 받게 되는 경우가 있다.

특히 다른 사람들 앞에서 우리 아이에 대해 이야기할 때에는 조심해야 한다. 아이들이 스트레스를 받는 것 중의 하나가 엄마들끼리 놀이터에서 아이 이야기를 하는 것이다. 엄마들끼리 모이면 자기 아이의 성취나 발달 사항에 대한 이야기를 하게 되고 그것이 아이들끼리의 비교가 되는 경우가 많다. 우리 아이가 다른 아이들보다 더 큰지, 발달이 빠른지, 똑똑한지, 성적이 좋은지, 선생님한테 예쁨을 받는지, 다른 아이들에게 인기가 많은지, 하나하나 다 신경이 쓰이고 우리 아이가 잘했으면 좋겠다는 생각을 하게 된다. 아이들끼리의 놀이를 옆에서 지켜보다가 아이들의 놀이가 엄마들의 경쟁이 되어 버리기도 한다.

아이들은 엄마가 나에 대해서 뭐라고 다른 사람에게 이야기하는지를 다 듣는다. 안 듣고 있는 것 같지만, 속으로는 다 들으면서 신경을 쓴다.

아이들의 자기 인식은 "내가 중요하게 여기는 사람이 나에 대해 어떻게 평가하느냐"에 달린다고 볼 수 있다. 엄마가 평소에 아이에게 직접적으로 어떻게 이야기를 해 주었느냐도 중요한 영향을 끼치지만, 아이들은 엄마가 나를 다른 사람에게 어떻게 이야기하는지를 듣고 자기 이미지 형성과 자기 인식에 영향을 많이 받는다.

어떤 엄마들은 아이를 매우 사랑하고 아이가 장점이 많다는 것을 알고는 있지만, 남들 앞에서 자랑하는 것이 부끄러워서 혹은 자랑하는 것처럼 여겨지면 아이가 미움받을까 봐 일부러 남 앞에서 아이를 깎아내리거나 부족한 점을 강조하는 때도 있다.

이러한 경우에는 아이들은 자신감이나 자기의 능력에 대한 의심, 엄마의 절대적인 신뢰가 없다는 느낌에 불안해하거나 인정을 받기 위해 일부러 애쓰는 모습을 보이기도 한다.

아이들 앞에서 사소하게 하는 말 한마디가 아이에게 막대한 영향을 줄 수도 있다는 것을 알아야 한다. 비단 엄마뿐만 아니라 선생님들도 아이에게 영향을 준다.

시카고 대학의 베일록 교수는 "편견 한 마디가 평생을 좌우할 수 있다."라고 하였다. 초등학교 1, 2학년을 가르치는 여자 선생님이 학생들 앞에서 무심코 "난 여자라서 계산을 잘 못 하나 봐."라고 했다. 1년 뒤 수학시험을 보니 그 반 여학생들의 수학성적이 형편없이 떨어졌다고 한다. 같은 반 남학생들이나 다른 반 여학생들은 성적의 변화가 없었다고 한다. 베일록 교수는 "나는 머리가 나쁜 사람이야."라는 편견을 상기하는 것 자체만으로도 성적이 크게 떨어진다고 하였다.

긍정 심리학의 대가인 마틴 샐리그만(Martin Seligman)은 교사의 말이 미치는 영향에 대해서 좀 더 강하게 얘기하였다. 그는 "교사의 편견이 담긴 꾸중은 99% 유죄다."라고 말했다. 교사는 날마다 아이가 잘한 일과 못한 일을 다루고 있으며 특히 아이를 나무라는 과정에서 아이의 가치관과 자기 인식에 큰 영향을 미친다. 샐

리그만은 『낙관적인 아이』라는 책에서 교사가 아이에게 끼치는 영향력에 대해 다음과 같이 역설하고 있다. "교사가 아이들에게 하는 비판은 어떤 경우에는 사실 그대로여서 아이가 자신의 모습을 객관적으로 바라볼 수 있게 한다. 하지만 많은 경우에는 교사가 원래 가지고 있던 편견이나 나쁜 버릇이 그대로 드러나는 경우가 있어 아이가 세계를 보는 방식에 부정적인 영향을 미치기도 한다."고 말이다.

교실에서의 무력감에 대한 선구자적인 학자 캐럴 드웩(Carol Dweck)은 교사가 여학생과 남학생이 과제를 잘못했을 때 어떻게 반응하는지를 관찰해 보았다고 한다. 결과는 교사가 남학생과 여학생을 대할 때의 차이가 있다는 것이었다. 여학생이 무언가를 실패하면 교사는 능력이 부족하다고 비판했다. 작문을 잘못한 여학생에게 교사는 "너는 작문을 잘 못하는 것 같다. 하긴 사람마다 잘하는 게 다 다르니까."라고 하자, 여학생은 "네. 저는 글 쓰는 소질이 별로 없나 봐요."라고 했다. 그런데, 남학생이 무언가를 실패하면 교사는 노력이 부족하다고 비판했다. 똑같이 작문을 잘 못한 남학생에게는 교사는 "숙제를 열심히 안 해 왔네. 집중을 안 하고 열심히 안 하니까 그렇지."라고 이야기하였다. 그러면 남학생은 "작문은 별로 재미가 없어요. 아마도 주제가 재미 없어서 그랬나 봐요."라고 했다. 여학생은 앞으로 기울일 노력과는 상관없이 글을 쓰는 소질 자체가 부족하다는 식으로 자신을 인식하게 되고,

남학생은 앞으로 재미있는 주제가 나오고 열심히만 하면 글쓰기를 잘할 수 있다는 식으로 자신을 인식하게 된다. 선생님이 하는 사소한 이야기가 이 두 학생의 자기 능력에 대한 인식을 완전히 바꾸어 놓을 수 있는 것이다. 문제는 이러한 이야기를 매일 몇 년씩 듣고 자라게 된다면 아이의 자기 인식은 이런 식으로 굳어지게 된다는 것이다.

이처럼 교사의 영향도 상당한 데 갓난아기 때부터 매일 마주하는 엄마의 영향은 더 말할 나위가 없다. 엄마는 아이에게 편견을 조장할 수 있는 말을 하는 것을 매우 조심해야 한다. 아이에게 "넌 머리가 나쁜가 보다. 넌 왜 이렇게 자주 까먹냐? 넌 왜 맨날 실수를 하냐?"라고 얘기를 하는 것은 아이의 지능 지수를 낮추고 있는 것이다. 아이는 공부를 할 때마다 혹은 시험을 볼 때마다 엄마가 툭 던진 이런 편견을 떠올리곤 위축이 된다. 진료를 하면서도 어떤 엄마는 아이 앞에서 아이의 문제를 서슴없이 이야기하는 경우가 있는가 하면, 아이가 들을까 봐 조심스러워 하는 엄마도 있다. 서슴없이 아이의 문제를 이야기하는 엄마의 경우 아이의 표정은 무심한 척 딴청을 부리고 있지만, 불안해 보이고 표정이 경직되어 있는 경우가 많다. 이후에 면담 시 아이의 자존감을 올려주기 위한 칭찬을 해 주어도 반응이 영 시원치 않고, 친해지기에도 시간이 많이 걸린다. 이미 엄마를 통해 자신의 안 좋은 점을 의사 선생님이 다 알아버렸다고 생각하기 때문이다.

내가 지금 아이를 향해 사소하게 던지는 말 한마디가 아이에게 크나큰 영향을 줄 수 있다는 것을 명심하고, 황희 정승에게 달려가 귓속말을 했던 농부의 마음을 닮도록 노력해보자.

전두엽이 발달한 아이로 만들자

전두엽은 인간을 동물과 구분 짓는 가장 고위의 기능을 하는 뇌의 부분이다. 전두엽이 하는 일은 회사의 CEO의 역할이라고 보면 된다. 계획을 세우고, 판단을 내리고, 충동을 억제하고 문제를 해결하는 곳이다.

전두엽이 발달하면 미래의 더 큰 보상을 위해 현재의 충동을 지연시킬 줄 아는 능력이 커진다.

한동안 베스트셀러로 회자되었던 「마시멜로 이야기」가 있다. 찰리라는 청년에게 성공한 대기업 CEO 조나단이 인생의 성공과 철학에 대한 이야기를 해주는 내용이다. 이 책에서 조나단이 찰리에게 마시멜로를 주고 침대 옆에 놓았다가 먹고 싶어도 참고 기다리라고 하였다. 매일이 지나면서 마시멜로 한 개가 2개가 되고, 2개가 4개가 되는 그러한 것을 상상하면서 먹고 싶어도 홀랑 먹어

버리지 말라고 이야기한다. 즉 미래의 더 큰 보상을 위해 현재를 참고 준비하는 자세를 알려주는 내용이다.

실제 미국에서 아이들을 대상으로 한 마시멜로에 대한 연구 결과를 들여다보자. 만 4세 정도의 아이들에게 마시멜로를 나누어 주고, 선생님이 10분 있다가 올 건데 그때까지 먹지 말고 기다리라고 하였다. 만약 그때까지 잘 참고 기다린다면 마시멜로를 하나 더 먹을 수 있게 해주겠다고 하였다. 어떤 아이는 선생님이 나가자마자 마시멜로를 먹었고, 어떤 아이는 좀 참다가 도저히 견딜 수 없어 먹었고, 또 다른 아이는 끝까지 잘 참아내었다. 연구진은 끝까지 참는 아이들 그룹과 그렇지 못한 아이들 그룹을 나누어 그 이후의 인생이 어떻게 되었는지를 추적 관찰해보았다. 먹을 것을 참았던 아이들은 나중에 성적도 좋았고, 좋은 대학과 좋은 직장에 안정된 생활을 하고 있었고, 그렇지 못한 아이들은 반대의 결과를 얻었다. 즉, 어린 시절부터 자신이 먹고 싶은 것을 올 더 큰 보상을 위해 참을 수 있는 힘이 있는 아이들이 인생에서 어려움을 이겨내고 힘든 과정을 잘 참고 더 나은 보상 결과를 얻었다는 것이다.

참지 못하고 마시멜로를 먹었던 아이들은 계속 마시멜로를 바라보고 있었지만, 끝까지 참았던 아이들은 마시멜로를 앞두고 먹고 싶은 마음을 억누르기 위해 다양한 방법을 사용하는 것으로 나타났다. 어떤 아이는 마시멜로를 보지 않기 위해 눈을 가리거나, 다른 생각을 하거나, 그림을 그리거나 하는 식으로 현재 눈앞에 놓인 유혹을 뿌리치기 위한 다양한 방법을 만들어 내었다. 그러나 참지 못했던 아이들은 다양한 방법을 시도하지 않고, 현재 눈앞에 보이는 유혹에 넘어가 버리고 만 것이다.

즉, 미래의 목표를 위하여 현재의 내적 욕구와 충동을 조절할 수 있는 능력, 유혹에 넘어가지 않기 위해 다양한 전략들을 만들어 내는 능력 등이 전두엽의 능력이라고 볼 수 있는데, 마시멜로의 유혹에 넘어가지 않았던 아이들은 그렇지 못한 아이들에 비해 전두엽이 훨씬 발달되었다.

전두엽은 목표가 있을 때 더욱 활성화가 된다. 이때 그 목표가 선명하고 정확할수록 즉, 구체적이면 구체적일수록 전두엽은 더욱 활성화가 된다. 한 연구에서는 구체적인 목표를 세우되 언제 어디서 어떻게 실행할지를 상상하거나 말로 표현한 경우 목표 달성률이 더욱 높아져서 성공률이 23%에서 82%까지 상승하였다고 한다.

공부에 있어서도 아이들에게 "공부 1시간을 해"라고 한 경우보다는 구체적으로 "학교 갔다 와서 손을 씻은 후 책상에 앉아서 2시부터 3시까지 영어 숙제를 하자."라고 이야기하고 아이가 이를 종이에 같이 써 보면 훨씬 성공적으로 실천하게 되는 경우가 많다.

아이에게 스스로 목표를 정하도록 유도한 다음 구체적인 실행과정을 종이에 적어보도록 하자

구체적인 목표와 실행과정을 예행연습해 보는 것은 공부나 학습뿐만이 아니라 아이들의 정서적인 측면에서도 도움이 된다. 아이

가 유치원에서 친구랑 친해지고 싶다고 하면 "잘해줘"라고 주문하는 게 아니라 집에 가기 전에 교실에서 친구에게 사탕을 주고 "오늘 같이 놀아서 좋았어."라고 말하도록 알려준다.

아이가 어려운 일이 있어 불안해하면 구체적인 대안을 생각하게 하고 문제를 통으로 보지 말고 잘게 쪼개서 생각하게 도움을 주는 과정이 전두엽을 발달시킨다.

전두엽은 만 3세 경부터 시작하여 학령전기에 발달한다. 또 청소년기가 되면 (12~16세) 전두엽의 질적인 변화가 나타난다. 이전까지는 다양한 경험들을 통해 얻은 자료들을 뇌에서 신경망으로 쌓아놓았다면, 청소년 시기에는 평소에 잘 쓰는 부분만을 남겨 놓고 평소에 잘 쓰지 않는 부분은 가지치기해서 없애버리게 된다. 따라서 평소에 전두엽을 많이 쓰는 연습을 해 두어야 한다. 깊이 있게 생각하고, 다양한 방법을 모색하고, 남의 처지를 생각해보고 작업 기억력을 늘리는 등의 전두엽을 활성화할 수 있는 훈련을 해야 한다. 전두엽은 만 25세까지 발달하기 때문에 나이가 들어도 지속적인 훈련을 하는 게 필요하다.

강하게 몰입해라

만유인력의 법칙을 어떻게 발견하였느냐는 질문에
"나는 그것만 생각했다."

- 뉴턴

창의적인 아이와 그렇지 못한 아이들의 차이는 몰입에서 나온다. 창의성은 번뜩이는 천재적인 생각이 갑자기 어디에선가 뚝 떨어지는 것으로 생각하기 쉽지만, 그렇지 않다. 평소에 많은 생각을 깊이 있게 하고 강하게 몰입하여 끝까지 그 주제에 몰두할 때 그전과는 다른 창의적인 생각이 나오게 되는 것이다.

영재 고등학생들을 대상으로 한 몰입에 대한 관찰에서 학생들을 모아놓고 도저히 풀 수 없는 어려운 수학문제를 풀게 하였다고 한다. 처음에는 전혀 실마리도 잡히지 않았고 매우 지루해지고 잡념이 많았지만, 어떠한 해결책도 힌트도 주지 않은 채 그것만 생각하게 하자 72시간이 지나자 그 문제만 생각했던 아이들이 문제를 풀어냈다고 한다. 몰입에 들어가기 위해서는 초반의 생각하는 과정에서 지루하고 잡념이 많은 시간의 장벽을 시간을 넘어야 한다. 답을 모르겠어도, 어려워도 계속 그 문제만 생각하다 보면 점차 생각이 깊어지고 해답이 떠오르게 된다.

몰입에 이르는 과정은 책상 앞에 앉자마자 되는 것이 아니다. 워밍업의 시간이 필요하다. 그래서 책상 앞에 앉아서 방해 받지 않는 시간이 충분하게 진행이 되어야 몰입이 시작된다. 몰입을 하려고 하는데 방해하는 것이 생기게 되면 그 흐름이 끊기게 된다. 집중력을 방해하는 것들은 치우는 게 좋다. 예를 들어 책상 위에 놓인 컴퓨터나 만화책 같은 여러 가지 방해물들을 치워주는 게 좋다. 그리고 공부를 하고 쉴 때 공부보다 훨씬 자극적인 게임을 하거나 TV 등을 보면서 휴식하는 것은 몰입에 방해가 된다. 잔잔한 음악을 듣거나 자연을 바라보며 간단하게 산책을 하는 식으로 휴식을 하는 것이 몰입에 도움이 된다.

수학문제를 풀 때 절대로 해답을 먼저 보게 하면 안 된다. 학생 시기에 풀리지 않는 문제를 포기하지 않고 계속 생각할 수 있어야 한다. 이러한 습관을 가지는 아이들은 몰입을 더 잘하는 특성을 가지고 있고, 다음에는 비슷한 문제는 다 맞출 수가 있다.

영석이는 초등학교 때는 거의 백 점만 맞아 와서 집안의 기대를 한 몸에 받았다. 중학생이 되어서도 성적이 매우 좋아서 특목고에 지원을 했지만 낙방의 고배를 마시게 되었다. 영석이는 암기과목은 잘했지만 수학에는 항상 자신이 없었다. 영석이의 마음속에는 "내가 이것을 틀림없이 풀 수 있어."라는 자기 확신이 없었다. 그 이유를 살펴보니 영석이는 수학 문제를 풀 때 안 풀리면 바로 뒤에 해답지를 보는 방법으로 공부를 했던 것이다. 생각을 조금 더 깊이 하고 한 문제에만 집중하여 공략하는 것에 대해 불안감을 가지고 있었던 것이다. 한 문제를 깊이 있게 생각하려다 보면 시간이 아깝고 진도를 빨리 나가야 한다는 압박감에 답을 보고 풀이과정을 살펴보게 되었던 것이다. 문제는 그러한 방법이 초등학교 때나 중학교 때에는 크게 영향을 미치지 않았지만, 특목고를 지원해야 하는 어려운 문제나 처음 보는 문제에 접근을 할 때에는 도움이 되지 않았다. 영석이가 몰입을 통한 창의력이 발달하는 메커니즘을 알았다면 아마도 어린 시절부터의 공부 방법을 바꿨을 것이다.

혼자서 몇 시간이고 며칠이고 생각할 수 있는 습관을 들이는 것이 필요하다. 방학 때, 주말에 시간이 있을 때 그 문제만 생각하도록 훈련시켜라. 자기 전에 반드시 그 문제를 생각하다가 자도록 하라. 자면서는 다양한 아이디어와 창의적인 아이디어를 떠오르게 된다.

반복적인 자극을 통해 뇌는 위기감이 상승되어 "이 문제가 굉장히 중요하구나"라고 인식하게 되어 그 문제를 지속적으로 고민하고 깊이 있게 생각하게 만든다. 이러한 깊은 사고를 계속하다 보면 뇌는 점차 그 문제에 대한 그전에 생각지도 못했던 방법들을 찾아가기 시작한다. 그리고 그러한 몰입과 깊은 생각들을 자주 하다 보면 두뇌가 그것에 익숙해져서 예전과는 달리 보다 쉽게 몰입을 하고 집중을 할 수 있게 바뀐다.

티베트 승려들의 뇌 영상을 연구한 한 연구에서는 명상을 계속한 티베트 승려들의 뇌 구조는 명상과 깊은 사고가 쉽게 이루어지는 뇌로 바뀌었다고 한다.

사람은 치열하게 스포츠를 할 때에도 몰입이 잘 된다. 위기상황이 아닌데도 뇌는 지속적으로 그러한 긴장과 집중을 해야 하는 자극이 들어오기 때문에 목숨을 걸게 된다. 중요한 상태라고 판단을 하기 때문이다. 뇌는 우리 몸에서 일어나는 일들을 24시간 녹화를 하고 있다. 귀로는 소리를 녹음하고 코로는 냄새 정보, 온몸으로는 촉각정보를 지속적으로 실시간 녹화를 하고 있는 것이다. 하루종일 지나치게 많은 정보로 포화가 되기 때문에 밤에 잠을 잘 때 해마에서 중요한 정보는 장기저장을 시키고 필요 없는 정보는 버린다.

이때 해마가 기준으로 삼는 내적 중요성은 아주 놀라거나 재밌거나 하는 등의 자극이 세기가 크면 중요한 정보라고 생각해서 저장한다. 어릴 때 아주 놀랐거나 재미있었던 것을 성인이 되어도 기억하는 것이 이 때문이다. 모국어가 아닌 영어 단어는 자극의 세기가 크지 않다. 따라서 외우기 위해서는 여러 번 반복을 해야 뇌가 중요하다고 생각해서 장기 기억할 수 있는 것이다.

이와 같이 학습에 적용하는 것뿐만 아니라 어떤 문제에 몰입을 하려고 하면 반복을 계속하면 된다. 자극의 세기도 크게 해주는 것이 필요하다. 뇌에 들어가는 자극을 크게 하는 좋은 방법으로는 목표를 설정하는 것이다.

목표만 설정하면 똑같은 자극이라도 뇌에서 받아들이는 자극의 세기가 커진다. 뇌는 목표에 부합하는 정보라고 생각해서 자극을 더욱 쉽고 빠르게 받아들인다. 예를 들어 같은 글을 10번 쓰라고 하면 재미가 없고 힘들기만 하다. 그런데 편지지 10장을 채워서 친구들에게 돌린다고 하면 같은 글을 10번 쓰는 게 어렵지 않고 속도도 빨라진다. 거기에 다른 사람과 같이 경쟁하는 상황이 벌어지면 더욱 가속화된다.

의도적으로 목표를 정하고 이를 계속 추구하게 되면 내면의 동기가 더 강화되고 그 방향으로의 에너지가 더 생기게 된다.

또 아이가 공부를 잘하기를 바란다면 잠을 재우자. 학습효과를 위해서는 잠을 자는 것이 도움이 된다. 낮 동안에 입력되었던 기억들이 잠을 자면서 뇌의 깊은 곳에 장기간 기억 창고에 저장이 된다. 세계를 놀라게 한 훌륭한 과학 발명이나 발견들이 밤에 꿈을 꾸는 동안에 나타난 경우도 흔하다. 벤젠의 고리식이라든지, 아니면 고대 유적의 발견 등이 그것이다. 그것은 몰입과도 연관이 되어 있는데, 낮 동안에 몰입하고 골몰했던 생각들이 잠을 자면서도 무의식적인 뇌는 계속 일을 하기 때문이다. 낮 동안에 모아두었던 정보를 처리해서 중요하지 않거나 필요 없다고 보이는 것들은 없애고, 중요한 정보들은 저장을 한다. 뇌가 중요하다고 받아들이는 정보는 강렬하게 입력되었거나 혹은 반복적으로 자주 노출되었던 정보이고 가장 최근에 입력된 정보이다. 그래서 공부도 한 번 보고 들은 것보다는 반복해서 노출된 것이 기억이 잘 되고, 특히 자기 전에 공부한 것들은 기억이 훨씬 잘 된다. 그래서 자기 전에 게임을 하거나 TV를 보는 것보다는 하루 동안의 공부를 복습하거나 단어를 외우면서 자는 것이 학습에 많은 도움을 준다.

운동을 하면 근육이 생기듯이 머리를 쓰고 자꾸 생각하면 시냅스가 형성된다. 뇌는 생각하지 않으면 퇴화한다. 따라서 생각을 하지 않고 남이 떠먹여 주는 밥을 먹듯 디지털 매체에만 몰두하게 되면 점점 뇌의 세포가 퇴화된다.

유대인의 교육철학에 따르면 아이들에게 "배움은 꿀처럼 달다."고 어린 시절부터 가르쳐준다고 한다. 몰입의 즐거움, 내가 하는 인지적 노력이 재미있다는 것을 어린 시절부터 알 수 있도록 도와주는 것이 필요하다. 깊게 생각하는 것은 처음에는 어렵고 더디게 느껴지기 때문에 재미가 없을 수 있다. 하지만 처음에 재미가 없다고 안 하다 보면 점점 더 못 하게 된다. 반대로 자꾸 생각하게 되면 점점 더 재미를 느끼게 된다. 몰입하는 것은 내적 보상을 주게 되고 그보다 더 큰 즐거움을 주는 것이 없을 정도라고 한다. 아이들이 몰입의 즐거움이 삶의 즐거움이라는 것을 알도록 이끌어주자.

사소한 것에도
도덕을 지키는 아이가 성공한다

큰일은 작은 곳에서부터 시작된다.
- 천하대사 필작어세(天下大事 必作於細)

우리는 사소한 일들은 지키지 않고 사는 경우가 많다. 당장의 체면을 살리기 위해 습관처럼 하는 사소한 핑계 수준의 거짓말이나 차 없는 횡단보도의 빨강 신호등을 무시하고 건너는 등의 일이다. 이러한 것들은 남을 해치지도 않고, 공공질서를 크게 어지럽히지도 않는다. 그리고 누구나 살면서 가끔씩 저지르는 애교 수준의 잘못들이다.

하지만 이러한 사소한 규칙과 도덕을 지키느냐 안 지키느냐에 따라 많은 것이 달라질 수 있다. 우리가 이러한 것들을 지키는 것은 남의 시선을 의식해서가 아니라 나 자신을 위해서이다. 아무도 보는 사람이 없어도 내가 행하는 작은 선이 나의 영혼을 살찌운다. 보는 이가 없어도, 내가 행한 일들이 나의 존재와 가치를 높이고 마음 깊은 곳에서의 뿌듯함, 자부심, 자랑스러움, 진정한 만족을 느끼게 만든다. 그러한 만족감은 매우 고차원적이어서 그런 경험을 하면서 느끼는 감정이 있을 때 나오는 신경전달물질은 우리 뇌의 고결한 부분을 강화시켜 준다.

평생 남을 미워하고 자신의 이익을 남이 뺏을세라 신경 쓰면서 절박하게 사는 인생이 좋은가? 아니면 진정한 만족감으로 이 세상을 바라보며 영혼의 평화를 느끼는 삶이 좋은가? 당연히 후자일 것이다. 이러한 느낌은 자신이 그렇게 살아야겠다고 결정하고 실행하여 경험해보지 않으면 느낄 수가 없다. 나를 즐겁게 하는 말초적인 단순한 쾌락과는 깊이의 차이가 있는 경험이다. 남을 위해 대가 없이 희생해 본 사람, 어려운 사람을 기꺼이 도와주면서 느끼는 기쁨을 경험해 본 사람, 양심을 위해 마음속에서 한 나와의 약속을 보는 이 하나 없어도 지켜본 사람만이 느낄 수 있는 경험이다. 설탕의 순간적인 달콤함이 아니라 오래 우린 차의 연하지만 깊은 맛과 같다고도 볼 수 있다. 자극적이고 시선을 끄는 것이 아닌 은은한 가운데 꾸준히 매력을 풍기는 것이다.

그런데 이러한 행동은 우리의 마음과 영혼을 풍족한 기쁨으로 채우는 것뿐만 아니라 현실적으로도 도움을 준다. 인과응보의 법칙이 존재하는 것이다. 남에게 가한 상처는 반드시 내게 되돌아온다. 양심을 지키고 남을 돕는 일은 손해를 보게 되는 일이 절대로 일어나지 않는다. 어느 순간 내게 이득으로 되돌아올 수 있다. 10년 후 일수도, 100년 후의 내세일 수도 있고, 내 후손에게 돌아갈 수도 있다. 만일 내가 선행을 한다면 그 보답은 반드시 되돌아온다. 남을 배려하는 마음가짐을 갖고, 사소한 선행들을 실천하다 보면 그 마음들이 더 커져서 큰 복으로 돌아오게 된다.

미시간 대학 연구진들이 노인 423쌍을 대상으로 한 연구 결과 평소 남을 잘 도와주는 노인들의 사망률은 남을 도와주지 않는 노인들보다 절반 이상 낮았다고 한다. 남을 잘 도와주는 노인들은 건강이 호전이 되었지만, 도움만 받고 나만 챙기며 지내는 노인들의 건강은 전혀 좋아지지 않았다고 한다. 미시간 대학의 브라운(Stephanie Brown) 교수는 "남한테 받기만 하는 사람 치고 건강하게 오래 사는 사람은 드물다. 남에게 주기만 하는 사람들이 사실은 이득을 얻는다."라고 하였다.

니체는 "지금 인생을 다시 한 번 완전히 똑같이 살아도 좋다는 마음으로 살아라."라고 말했다. 누가 보지 않는다고 하더라도, 그리고 아무리 사소한 일이라도 지키는 것이 눈앞의 이익을 추구하며 양심을 버리는 것보다 훨씬 큰 기쁨을 준다는 것을 아이에게 알려 주어야 한다.

소크라테스는 독배를 마시기 전 부유한 친구로부터 탈옥을 제안받았다. 마음만 먹으면 살 수도 있었을 텐데, 소크라테스는 죽음을

249

선택했다. 아마도 소크라테스는 주변에 보는 이가 없었더라도 독배를 마셨을 것이다. 다른 사람을 위해서가 아니라 자신이 마음속으로 정한 진리를 따르기 위해 행동으로 실천한 것이다. 소크라테스가 대대로 영향력을 미치고 많은 철학자들의 존경을 받는 이유는 바로 자신이 사소한 일이어도 진리라고 생각하는 것을 실천하는 지행합일의 모범을 보였기 때문이다.

우리 엄마들은 아이 앞에서 사소한 규칙일지라도 지키는 모습을 보여주는 '도덕 길라잡이'가 되어 주어야 한다. 우리 아이에게 남이 보지 않는 곳에서도 스스로 정한 규칙과 약속을 지키는 '신독(愼獨)'의 참된 의미를 가르쳐주어야 한다.

아이는 인류가
나에게 잠시 맡겨둔 선물이다

무언가를 사랑한다면 우선 자유롭게 놔 줘.
다시 돌아온다면 그건 당신 것이고, 만약 돌아오지 않는다면
애초부터 당신 것이 아니었던 거야.
(If you love something, Set it free. If it comes back, it's yours, If it doesn't, it never was yours.)

　　　　　　　　　　　　　　　　　- 갈매기의 꿈 중에서

우리는 평소 무언가를 손에 움켜쥐고 있고 싶어 한다. 욕심을 가지고 내 것이라고 주장하고 남이 조금이라도 개입하려고 하면 화를 내고 권리와 소유권을 주장한다. 하지만 이 세상에 있는 어떠한 것도 온전히 내 것은 없다.

아이도 마찬가지이다. 내 몸으로 낳아서 내가 보살피고 길러 왔

251

고 항상 내 옆에 있기 때문에 마치 내 것처럼 느껴지지만, 그저 우리는 인연이 있어서 잠시 한시적으로 이 세상에서 만나고 있는 존재일 뿐이다. 생각하면 할수록 참 고마운 인연이고 사랑스러운 인연임에는 틀림없다. 가장 소중하고 아끼는 보물 같은 존재이기에 끈을 놓고 싶지 않다는 집착이 생긴다. 하지만 부모로서 우리의 임무는 그 인연을 잘 키워서 아이를 자유롭게 세상으로 내보내줘야 하는데 있다.

아이가 자유롭게 날 수 있게 마음을 먹는 일, 마음으로는 언제나 항상 사랑하고 응원해주지만, 간섭이나 참견은 하지 않는 것, 아이가 선택할 수 있게 지켜봐 주는 자세가 필요하다. 엄마와 아이는 생각도 욕망도 완전히 다른 주체이다. 엄마는 아이가 판사가 되기를 희망하고 있지만 아이는 법대에는 관심이 없을 수 있다. 아이가 엄마의 욕심에 맞추도록 강요해서는 안 된다. 엄마는 아이를 완전한 개인으로 인정하면서 옆에서 보조를 맞추어주는 것이 해야 할 본분의 전부라 해도 과언이 아니다. 어느 순간부터는 아이를 나의 품 안에서 놓을 줄을 알아야 한다. 아이가 나아갈 길은 나의 결정, 나의 판단, 나의 선호 등으로 결정하는 것이 아니라 아이가 스스로 관심을 가지고 결정할 수 있게 도와주어야 한다.

아이는 잠시 나에게로 와서 독립하기 전 약 18년의 유예기간을 갖는 존재이다. 그것도 약 13년 이상이 되면 내 영향력이 급감하게 되는 시기가 온다. 소중하지만 절대로 소유할 수 없는 존재이다.

내 맘대로 될 수 없고, 함부로 무시해서도 안 되는 존재이다. 마치 손님과도 같은 존재라는 생각을 해야 한다. 손님을 무시하고 함부로 막 대하며 화낼 수는 없다.

불교에서는 고통은 집착으로부터 발생한다고 하였다. 그래서 집착을 소멸시키는 방법으로 바른 생각과 바른 말과 행동, 바른 노력 등 8가지 방법을 강조하였다. 아이는 나와 특별한 인연으로 하늘이 나에게 잠시 맡겨둔 선물과도 같은 존재라는 생각으로 잘 기르고 보관하였다가 다시 세상으로 돌려주어야 한다.

아이를 볼 때 그저 아무것도 모르는 철부지 코흘리개로 보지 말고, "이 아이가 나중에 대단한 일을 해내는 역사적인 위인이 될 것이다."라고 생각하고 봐야 한다. 그렇게 바라보면 함부로 아이에게 대할 수도 없고, 아이에게 해주는 말 한마디 행동 하나가 조심스러워지게 될 것이다.

역사적인 위인을 키운다고 생각하고 그들의 어린 시절을 살펴보고, 지금의 나의 아이를 살펴봐라. 지금 나의 아이에게 보이는 단점이나 안 좋은 점들보다는 훌륭한 점들을 살펴보고 그것을 키우기 위해 감탄하는 마음을 갖는 것이 필요하다.

이 아이를 잘 길러서 나중에 훌륭한 위인이 되었을 때 그 위인전에 아이의 어린 시절과 엄마에 대한 이야기가 나온다고 생각해 보자. 쉽게 아이를 대하고 경솔하게 행동할 수 없을 것이다. 이왕이면 바른 말, 좋은 이야기, 훌륭한 태도로 아이를 대할 것이다.

훌륭한 사람이라는 것은 대단한 업적을 이룬 사람으로 볼 수도 있지만, 지금 있는 위치에서 자신의 역할에 최선을 다 하고 남을 위하여 자신의 재능과 능력을 다하는 사람일 것이다. 아이는 나에게 인류가 훌륭하게 키워달라고 잠시 맡겨 놓은 존재라고 생각하고 아이를 훌륭한 사람으로 키우기 위해 최선을 다하자.

생각하는 자 천하를 얻는다

생각하는 자 천하를 얻는다.

- 조영식 박사 (경희대학교 설립자)

경희대학교 내에 선동호라는 호수로 가는 길목에 있는 돌에 새겨진 글귀이다. 경희대학교의 설립자인 조영식 박사의 말로 "주변의 사물에 대해 항상 깊이 생각하라."는 가르침이다.

인생에는 그 인생을 꿰뚫는 진리가 있는 것 같다. 성경이든, 불경이든, 공자님 말씀이든, 아니면 성공하고 깨달은 CEO의 말이든 같은 얘기를 하고 있는 것들이 있다. 이면의 진리를 깊이 있게 숙고하고 생각하는 자야말로 이 세상이 돌아가는 이치, 사람의 마음을 움직이는 이치, 무리하지 않고 자연스럽게 행동하는 이치를 알게 되는 것이다. 노자는 도덕경에서 "문밖을 나가지 않아도 천하를 알 수 있다."고 하였다. 과연 가능한 얘기일까? 현장을 직접 보지 않고서 어떻게 정확히 알 수 있단 말인가? 아마도 주자가 얘기한 격물치지(格物致知) 즉, 모든 사물의 이치를 끝까지 파고 들어가면 앎에 이른다고 하는 말과 비슷하지 않을까 싶다. 현상에 대한 깊이 있는 사고야말로 진리를 깨닫게 하는 데 중요하다는 것일 것 같다.

지식과 지혜는 어마어마한 차이가 있다. 노자의 도덕경에 다음과 같은 구절이 있다. "지식을 외적 세계로만 향하여 탐구하면 멀리 갈수록 그 지식이 점점 적어져 결국 모르는 것이 더 많은 것을 알게 된다." 따라서 우리 아이가 겉으로만 지식을 구하는 것이 아닌 속으로 지혜를 쌓을 수 있도록 돕는 것이 필요하다. 그러려면 생각을 많이 해야 한다.

"이건 왜 이래? 저건 왜 이것과 달라?"라고 아이가 물어볼 때 "몰라. 그건 원래 그런 거야, 그냥 그런 거야."라고 대답하는 것은 무책임하다. 그러한 대답 습관이 가져올 엄청난 결과에 대해 깨달아야 한다. 아이는 자라면서 궁금한 것도 많아지고 생각이 자라기 때문에 질문도 많아진다. 아이의 질문에 무성의하게 대답하는 것은 아이의 생각이 자랄 수 있는 싹을 꺾는 것이다. 유년 학교 입시에도 떨어졌지만, 나중에 하버드에서 박사 학위를 따고 수학의 노벨상이라고 불리는 필드 상을 받은 히로나카 헤이스케는 어린 시절 어머니에게 "코로 냄새를 어떻게 맡아요?"라는 등 "이렇게 작은 눈으로 어떻게 저렇게 큰 집이나 경치를 봐요?"라는 등 사소한 질문을 해도 어머니가 "왜 그럴까?" 하며 함께 생각해 준 것이 큰 도움이 되었다고 했다.

그렇다면 어떻게 생각을 하는 것이 도움이 될까?

우선 생각은 관찰에서 나온다. 어떤 대상이나 현상을 자세히 오랫 동안 관찰하면 그 안에서 어떠한 특성을 발견할 수 있게 된다. 그 특성이 기존에 자신이 알고 있던 다른 것과 공통적인 것을 가지고 있을 수도 있고, 차이가 있을 수도 있는데, 그러한 공통점과 차이점을 생각하고 자세히 관찰한 바를 바탕으로 형상화를 하거나 동일한 패턴을 인식해서 모형을 만들거나 그 대상에 감정을 이입하는 것 등이 생각을 깊게 만들고 창의성의 발달에 도움을 주는 방법이다. 우리 아이가 무엇이든 지속적으로 끈기 있게 관찰하고 생각할 수 있도록 도와주자. 두뇌의 신경 시냅스는 학습을 한 이후에는 항구적인 변화가 생긴다. 처음 몇 번은 변화가 가변적인 상태로 머물지만, 오래도록 꾸준하게 학습을 하면 변화가 영구히 바뀌게 되는 것이다. 아이가 깊이 있게 생각하고 스스로 천하를 얻을 수 있도록 기다려주는 인내심을 기르도록 하자.

인간은 스스로 믿는 대로 된다

무엇을 정말로 믿는다면,
그것이 무엇이 되었든지 간에 성취할 수 있다.

- 레이크록 (맥도날드 창업자)

"인간은 스스로 믿는 대로 된다."는 러시아 작가 안톤 체홉의 유명한 말로 최근 베스트셀러가 된 '바보 빅터'라는 책도 이 말을 인용했다. '바보 빅터'는 학교에서 지능검사를 했는데 IQ가 두 자리 수가 나와 자신이 바보인 줄 알고 살았으나 훗날 알고 보니 아이큐 170으로 편견의 벽을 깨고 자신의 삶을 되찾은 실존 인물의 이야기이다.

내가 바보라고 믿으면 정말 바보가 되고, 내가 훌륭한 사람이라고 믿으면 정말 훌륭한 사람이 된다. 우리나라 속담에도 "말이 씨가 된다."라는 말이 있고, 서양에도 자기충족적 예언, 일명 피그말리온 효과라는 것이 있다. 내가 정말로 믿는 것은 정말로 그렇게 된다는 것이다.

이러한 믿음은 엄마가 아이를 어떻게 바라보느냐에도 그대로 적용된다. 병원에 상담을 오는 많은 엄마를 만나 보면 하나같이 걱정이 태산이고, 아이를 바라보는 눈에 근심과 불안이 가득하다. 나의 질문에 쭈뼛거리며 대답을 잘 못하는 아이- 당연하지 않은가? 아이들이 제일 무서워하는 게 의사 선생님이다. - 에게 등을 떠밀며 "대답 좀 크게 해, 어휴 나중에 뭐 되려고 그러나. 이런 것도 못 하면서"라고 얘기하는 엄마들이 있다.

면담과 검사 결과를 설명하고 나면 얼굴 한가득 근심에 가득 차서 아이를 바라보는 엄마들이 있다. 충분히 이해되는 상황이기는 하지만, 대부분 엄마들이 아이들에게 잔소리하는 것은 현재 잘못하고 있는 부분이라기보다는 앞으로 잘못될 것을 미리 당겨 와서 하는 경우가 십중팔구이다.

"너 그러다가 물 쏟는다. 똑바로 앉아. 그러다가 허리 휘어.", "집에서도 이렇게 말 안 듣다가 학교 가서도 말 안 들으면 어떻게 해요."라는 말들을 곰곰이 살펴보면 다 아이의 미래에 부정적인 일들이 일어날 것이라고 예언을 하는 것이다. 실제로 그렇게 바라보면 아이가 점점 그런 행동을 많이 하게 되어 있다. 엄마의 생각이 그쪽으로만 편향되어 아이에게서 신경 쓰이는 부분만 눈에 띄게 되는 선택적 주의집중이 되기 때문이다. 또 하나는 엄마의 지속적인 부정적 메시지 때문에 아이가 "나는 원래 그런 아이다. 그렇기 때문에 점점 그런 방향으로 갈 수밖에 없다."라고 내재적인 믿음이 생기기 때문에 발생하는 경우도 많다.

관점을 어떻게 유지하느냐, 누군가가 나의 이름을 어떻게 불러주느냐에 따라 그대로 그 의미가 된다. 아이에 대한 불안감과 걱정이 너무 많은 엄마들을 안심시키는 마법의 언어가 하나 있다. 아이가 8살인데 부모 옆에서 자려고 하여 엄마가 혼내는 경우 "내년에도 저럴까요? 아이의 1년 뒤의 모습을 상상해 보세요."라고 하면 엄마의 높이 올라갔던 불안 정도가 내려가는 것을 알 수 있다.

"아이가 엄마에게 자꾸 치대고 귀찮게 하는 것, 길어야 앞으로 3년입니다. 지금은 귀찮지만, 쟤가 중학교에 들어가서도 엄마 옆에서 자려고 할까요? 지금 잘 해주세요."라고 하면 엄마의 표정이 한결 편안해진다.

미래에 나의 아이가 어떤 모습이 되어 있을 것이라고 상상하라. 1년 뒤의 모습도 좋고, 5년 뒤의 모습도 좋다. "키는 이 정도에 이런 외모에 이런 성격에 이런 취미를 가지고 이런 활동을 좋아하고 친구들과 잘 지내고, 공부도 열심히 하고." 구체적으로 기대감을 가지고 상상하면서 지금의 우리 아이를 보라.

이 아이가 1년 뒤에는, 5년 뒤에는 그런 모습의 아이가 되어 있을 것이라고 생각하면서 보면 아이가 하는 행동 하나하나가 예사롭게 보이지 않을 것이다. 마치 엄마의 시선이 앞길을 비춰주는 헤드라이트와 같이 말이다.

　더 나아가서 우리 아이가 인류에 도움이 되는 훌륭한 사람이 될 것이다라고 상상하면서 보는 것도 도움이 된다. 반기문 총장 같은 사람이 되어 있을 것이다. 빌 게이츠처럼 봉사를 많이 하면서 창조적인 사람이 되어 있을 것이다 등등 말이다.

　우리 아이의 말과 행동이 인류에 영향을 미치고, 많은 사람들이 우리 아이를 통해서 감동과 삶의 용기를 얻는 훌륭한 일을 할 것이라고 생각하고 보면 지금 우리 아이의 단점보다는 아이가 보이는 장점과 특출난 면이 매우 예사롭지 않게 보이게 될 것이다. 엄마가 그런 눈으로 계속 바라본다면, 아이는 정말로 어느 순간 그런 아이로 변해 있을 것이다.

　그래서 항상 뛰어다니는 아이에게 "엄마가 뛰지 말라고 했지, 또 뛴다. 뛰지 마"라고 하기보다는 우리 아이가 차분하게 조용히 걷는 모습을 항상 상상하고, 아이가 그런 모습을 보일 때 "차분하게 걸으니까 어른스러워 보이는구나. 참 보기가 좋다."라고 얘기를 해 주는, 자기충족적 예언에 부합되는 말을 해 주는 것이, 혹은 "우리 ○○이는 사뿐사뿐 잘 걸어 다니지."라고 얘기를 해 주는 것이 필요하다.

　최근에는 다소의 논란도 있지만 양자역학적으로 물질이 에너지이기 때문에 관찰자가 어떻게 보느냐에 따라 달라진다라는 이야기도 나오고 있다. 밥풀을 모아두고 좋은 시선으로 바라봐주면 누룩이 되지만, 증오하는 시선으로 바라보면 썩게 된다는 실험도 있다.

하나의 예로 초등학교 선생님이 아이들을 어떻게 규정하고 불러주느냐에 따라 아이들의 행동과 학습 효과가 달라지기도 한다. 선생님이 아이들을 "지긋지긋한 녀석들"이라고 부르면 아이들은 지지리도 말을 안 듣는 문제투성이의 아이들로 변한다. 하지만 선생님이 아이들을 "공부를 좋아하는 차분한 친구들"이라고 부르면 똑같은 아이들이라도 차분해지고 학습 능력도 달라진다.

아이들은 자기 자신을 어떤 사람으로 바라보느냐에 따라 행동이 달라진다. 아이가 자신을 규정하는 방법은 부모가 어떻게 바라봐주느냐에 따라 달렸다. 이것을 양자물리학자들은 "관찰자 효과(observer effect)"라고 부른다고 한다.

노벨 물리학 수상자 리처드 파인먼 박사는 "우리의 마음이 만물을 변화시키고 새 운명을 창조해낸다."라고 말하였다.

꿈은 이루어진다는 믿음을 가지면 실제로 이루어진다. 매일매일 시각화를 통해 미래를 꿈꾸고 노력을 하게 되기 때문이다. 엄마가 아이를 믿을 때 아이도 자신을 믿고 그 믿음대로 나아갈 것이다.

정서 지능을 길러주는 3단계 대화법
: 인정 - 엄마 의견 - 대안 모색

아이가 부정적 정서를 표현할 때 이를 대하는 엄마의 방법을 크게 두 가지로 나눌 수 있다. 첫째는 정서 초점으로 아이가 부정적인 정서를 표현할 때 아이의 마음 즉 감정을 이해해주려고 하는 접근방법이다. 두 번째는 문제 초점으로 이것은 아이가 부정적인 정서를 표현할 때 그 문제 자체를 해결해주려고 하는 접근 방법이다.

두 가지 방법이 모두 필요하고 적절하게 잘 섞어서 사용해야겠지만, 아이가 부정적인 정서, 예를 들면 화를 내거나 짜증을 부리거나 시무룩해져 있을 때에는 "이렇게 해, 앞으로는 이렇게 하면 되겠다."라고 문제를 해결해 주는 언급을 하기보다는 "네가 속상했구나. 화가 많이 났구나."라고 아이의 마음을 이해해주는 언급을 하는 것이 필요하다.

엄마의 아이의 마음을 잘 이해하고 읽어줄수록 아이의 정서 지능이 높아진다. 정서 지능은 성취동기와도 밀접한 관계가 있는 지능으로 아이가 정서에 대한 지식을 바탕으로 자신과 남의 감정을 인식하고, 정서를 활용해서 감정을 조절할 줄 아는 능력을 말한다.

정서 지능은 아이가 인지적인 노력을 기울일 집중력, 호기심, 좌절을 극복하는 능력을 배가시켜 주게 된다. 수많은 뇌 연구들이 이성적인 결정이나 문제 해결 작업을 할 때 감정적으로 연관된 뇌의 부분이 함께 작용한다는 것을 밝혀냈다.

정서지능이 높은 아이들이 친구를 사귀는데 수월하고 낯선 이들과도 더 쉽게 친해진다. 성인이 되어서 직장에서도 리더십을 발휘하며 급여 인상 폭도 크고 사회적으로 중요한 긍정적 성과를 더 많이 낸다는 연구 결과도 있다. 스탠퍼드 대학에서 매년 방학에 열리는 슈퍼캠프도 이러한 정서 지능의 중요성을 말해준다. 매년 2,500명의 고등학생이 찾는 이 캠프는 긍정적인 정서를 자극해서 인지적인 성과를 올리도록 하는 커리큘럼이 짜여 있다. 캠프의 효과는 놀라워서 참여한 학생의 73%가 성적이 향상되었다고 한다.

어린 시절부터 이러한 정서 지능을 키우기 위해서는 엄마의 역할이 중요하다. 아이는 엄마가 정서를 어떻게 다루는지를 보고 고스란히 배우게 된다. 아이의 정서지능을 높이기 위해서는 다음과 같은 대화 방법을 따르면 도움이 된다. 첫째는 아이가 어떠한 이야기를 해도 되도록 아이의 입장을 이해해주고 인정해주려는 말을 해준다. 둘째는 아이의 감정이나 입장이 충분히 공감이 되었을 때 엄마의 의견을 이야기해준다. 마지막으로 아이와 함께 다양한 대안이나 문제해결방법을 생각해본다.

아이가 "엄마, 놀이터에 놀러 가도 돼?"라고 물어볼 때 "숙제 했어?"라고 하기보다는 다음과 같이 대답하도록 하자.

1. "지금 놀고 싶구나, 아마 철수가 나와서 노니까 같이 놀고 싶은가 보지?"
2. "그런데 엄마는 숙제를 다 하고 놀기로 한 약속이 기억이 나는데…."
3. "어떻게 하면 좋을까? 이렇게 해볼까?"라고 얘기하는 게 더 좋다.

아니면, 이런 과정이 짧게 긍정적인 표현으로 바뀌어도 좋다. "놀이터에 놀러 가도 돼?"라고 물어볼 때 "안 돼, 숙제는 다 했어?"라고 하기보다는 "가도 되지. 숙제하고 가면 되."라고 말이다.

아이의 정서 지능을 높이기 위한 방법으로 3단계 대화법을 생활 속에서 늘 실천하는 것이 필요하다. 물론 '어떻게 말할 때마다 저렇게 하느냐. 피곤해서 살겠느냐?'라고 할 수도 있겠지만, 습관이 되면 어렵지 않을뿐더러 아이와 엄마 자신에게 엄청난 변화를 가져오게 된다는 사실을 잊지 않기를 바란다.

부부는 일심동체, 한목소리로 같은 메시지를 전달하라

정신분열병(최근에 개정된 명칭으로는 조현병)의 심리적인 원인 중의 하나로 지목되는 것이 부모의 이중구속(double bind)이다. 이중구속(double bind)이란 한 가지 사안에 대해 상황에 따라 전혀 반대되는 메시지를 주는 것이다. 예를 들어, 엄마가 아이에게 무언가를 하도록 말하고, 동시에 그것을 부정하는 듯한 몸짓을 한다. 그러면 아이는 이중으로 구속된 상태가 되어 아무것도 할 수 없게 된다. 그러면 아이는 혼란스러워 어떤 메시지를 따라야 할지를 알 수 없게 되는 것이다. 처음으로 이 이론을 밝혀낸 문화인류학자 베이트슨(Gregory Bateson)은 대개 아버지가 없는 상황에서 어머니와 아이 사이에서 이 상태가 생기기 쉽다고 지적하였다.

그러나 엄마나 아빠가 일치하지 않은 메시지나 요구사항을 아이에게 보낼 때에도 아이는 혼란스러워 할 수 있다. 그것도 매우 강한 부정적인 감정으로 부모가 서로 다른 이야기를 한다면 아이에게는 더 혼란감을 유발할 수 있다. 엄마는 게임을 하지 말라고 했는데, 출장 갔다 온 아빠가 허락해서 게임을 하고 있는 모습을 본다. 아빠는 TV가 좋지 않으니 보지 말라고 했는데, 엄마는 잠깐씩 머리 식히는 것은 좋다고 허락한다. 이렇게 사사건건 엄마와 아빠가 아이에게 전하는 메시지가 다르면 아이는 둘 중 어느 것을 따라야 할지 혼란스럽기도 하고, 나중에는 자신에게 유리한 대로 이랬다 저랬다 원칙 없이 행동하게 된다.

따라서 부부가 서로 아이의 행동에 대해 생각하는 게 다르다면, 이에 대해 먼저 진지하게 이야기를 나눠야 한다. 대부분 남자들은 많은 문제를 대수롭지 않게 여기고 넘어가려는 경향이 있다. 반면에 여자들은 작은 일이라도 꼼꼼하게 살펴보고 원칙대로 하기를 원하는 경향이 있다. 물론 이러한 성향이 뒤바뀐 경우도 있을 수 있지만, 아이를 사랑하고 아끼는 마음은 부부가 모두 똑같다. 다만 그 상황을 지금 어떻게 인식하고 있느냐에 따라 달라질 수가 있는 것이다.

그래서 만약 아빠가 잘 알지도 못하면서 아이 문제를 대충 넘어가려고 한다면, 엄마는 다소 귀찮더라도 아이의 문제점, 아빠가 보지 못했던 때의 일들, 이렇게 하는 것이 좋을 것 같다는 되도록 객관적인 근거 등을 제시하면서 아빠가 아이의 상황을 제대로 인식하고 납득할 수 있도록 하는 것이 좋다.

아예 엄마와 아빠가 아이의 양육에 있어서 결정할 사항을 다소 나누어보는 것도 도움이 될 수 있다. 공부와 건강 문제는 엄마가 아이의 활동과 친구문제는 아빠가 결정사항을 나누어서 하고, 그 대신 엄마·아빠는 서로의 원칙을 잘 이해하고 존중하면서 아이에게 한 목소리를 내는 것이 중요하다.

부모가 한 목소리로 아이의 양육에 대한 동일한 가치관을 가지고 아이에게 일관성 있게 양육을 하는 것이 매우 중요하다.

위인전을 읽혀라

요즘 멘토를 잘 만나야 한다고 말들을 하지만, 실제로 훌륭한 멘토를 내 가까이에서 찾기란 정말 복이 타고난 사람이 아니고서야 쉽지 않다. 인생의 위기 때마다 가야 할 답을 족집게처럼 짚어주고, 어려운 고비를 현명하게 넘기도록 적시에 적절한 조언을 해 줄 사람을 이 세상 모든 사람이 어떻게 다 구할 수가 있겠는가. 훌륭한 교사나 종교 지도자가 있을 수 있지만, 새벽 1시에 갑자기 떠오르는 인생 고민을 언제나 바로바로 척척 들어주고 도와줄 수 있는 사람은 없다. 현실적으로 불가능한 일이다.

그렇다면 방법은 없는 걸까? 가장 좋은 방법 중에 하나는 위인전을 읽는 것이다. 위인전은 소설과 달리 실제로 있었던 사람의 이야기이다. 실제 인생에서 그 사람이 어떤 고민과 생각을 했는지, 역경을 어떻게 극복을 했는지, 인류에게 어떤 가치와 영향력을 남겼는지를 알 수 있는 생생한 흔적이자 한 사람의 삶을 통째로 엿볼 수 있는 훌륭한 연구서인 셈이다. 인생을 먼저 살다 간 훌륭한 사람들의 삶이 인생의 정답은 아닐지라도 충분히 참고할만한 모범답안이 될 수는 있다.

위인전을 읽어보면 많은 위인들이 자신이 어린 시절부터 존경하거나 본받고 싶은 사람이 있었다는 것을 알 수 있다. "저 사람처럼 되고 싶다. 이런 위대한 일을 해야지."라는 꿈은 결국 인생의 목표를 만들어주게 된다.

동서고금의 위인들은 어떻게 하면 덕을 쌓을 수 있는지, 내가 가진 것을 남에게 나누는 기쁨을 누릴지, 인생이란 어떻게 살아야 하는지에 대해 고민하고 그 방법을 다양하게 알려주려고 노력하였다.

아이가 꿈과 목표를 잃지 않고, 불굴의 의지를 가질 수 있도록 자기 자신을 독려할 수 있는 가이드를 위인전에서 찾을 수 있도록 도와주자.

우리는 늘 고난을 이기고 난 뒤 자신이 원하는 바를 쟁취하는 스토리 앞에서 감동하게 된다. 또한 다른 사람이 힘든 일을 자신의 의지로 이겨내는 모습을 보면서 힘을 얻게 된다.

새 학기에 새로 시작하는 것은 누구나 쉽다. 새해 벽두에 새 결심으로 의지를 다지는 것은 누구에게나 쉽다. 문제는 몇 개월간 열심히 힘든 상황을 견디고 이겨내야 하는 의지력이다.

매일 아침에 일찍 일어나서 공부를 하고, TV를 보거나 게임을 하지 않고, 밤에 야식을 먹지 않는 등의 모든 목표 활동은 동기와 의지가 필요하고, 그 의지는 고통, 나태, 자기변명과 합리화를 통해 점차 힘을 잃어간다. 처음에 가졌던 목표를 향한 열망이 아무리 커도 지속적으로 동기와 의지를 다듬지 않으면 겨울에 쌓인 눈덩이가 어느샌가 녹아버리듯 다 사라지게 되는 것이다.

우리 아이의 인생도 마찬가지이다. 엄마는 어릴 적 우리 아이의 인생을 나름대로의 청사진을 그려가며 설계를 하고 설렌다. 요즈음 엄마들은 아이를 영어유치원에 보내고, 사립초등학교를 보낸 뒤에 국제중학교에 가고, 결국 훌륭한 직장에 다니는 번듯한 성인으로 키워내는 것을 꿈꾼다. 문제는 아이가 목표나 꿈이 없다면 엄마가 꿈꾸는 길을 가는 과정이 팍팍하고 재미도 없어진다는 것이다. 나중에는 목표도 희미해진다. "의사 되면 뭐해?", "꼭 서울대에 가야 해?", "반드시 남들 보기에 번듯한 게 성공은 아니잖아. 소박하지만 행복하게 살면 되지." 그러면서 꿈이 축소되고, 지금 나의 상태에 맞게 목표가 하향조정되게 된다.

아이가 꿈과 목표를 가지기 위해, 그리고 고민이 되는 순간에 현명한 인생의 지혜를 엿보기 위해 위인전을 읽히는 것이 필요하고, 자신이 멘토로 삼을 만한 위인의 인생을 반복적으로 깊이 있게 탐구해보는 것이 의미가 있다.

따라서 우리 아이가 소중하다면 수학책이나 영어책을 읽히는 시간에 차라리 위인전을 접할 수 있도록 도와주는 것이 길게 봤을 때 아이에게 더 도움이 된다.

올바른 삶을 사는 것이 어떤 것인지, 바른 사람이 되기 위한 수양 방법은 무엇인지를 고민하고 사색하는 아이가 더 훌륭하게 자란다. 엄마는 아이를 '성공한 아이'로 키우기 위해 좋은 엄마가 되는 것이 목적이 아니라 우리 아이를 바른 아이가 되기 위해 노력하는 것이 오히려 더 큰 목표가 되어야 할 것이다.

우리 아이를 훌륭하게 잘 키워야겠다고 생각하는 '좋은 엄마'들은 대개 모델이 되는 위인들의 겉모습을 보고 따라 하는 경우가 많다. 또 주변에서 '스펙 쌓기'처럼 해 나가는 사교육들에 공을 들이는 경우가 많다. 하지만 스펙과 성공에만 포커스를 맞추고 우리 아이도 저렇게 키워야겠다고 꿈을 꾸지만, 그 위인들의 내면과 정신을 따라하려고 하는 사람은 별로 없다.

정말로 김연아 선수나 반기문 총장을 보고 정말로 배워야 하는 점은 아무리 열악하고 절망스러운 환경에서도 끝까지 꿈을 잃지 않고 포기하지 않는 용기이다. 그리고 늘 주변을 배려하고 겸손하고 성실한 마음을 갖는 것일 것이다.

왜 꿈을 가지는 것이 인생에서 중요한지, 역경을 이겨내는 마음가짐은 무엇인지를 가르쳐주는 가치 있는 삶의 메시지를 전달하는 **좋은 엄마**가 되자.

화려한 겉모습만 따라 하려다 보면 정작 삶을 어떻게 살아

야 하는지를 놓친다. 내가 아이를 남들 앞에 번듯하게 내놓는
'좋은 엄마'가 되기보다는 우리 아이를 '바른 아이'로 키우도록
목적을 두는 것이 더 중요하다.

모든 엄마들이여
좋은 엄마 콤플렉스에서 벗어 나자

이 세상의 엄마 중에 나쁜 엄마가 되고자 작정한 엄마는 없다. 다 아이를 위해 좋은 엄마, 착한 엄마, 최고의 엄마가 되고 싶은 마음일 것이다. 그러나 나도 모르게 아이에게 안 좋은 영향을 끼친다면 그것은 좋은 엄마라고 볼 수가 없다. 이 책에서는 임상 현장에서 흔히 만나는 엄마들의 유형을 분류했다. 나도 모르게 '나쁜 엄마'가 되어 버리는 '좋은 엄마' 유형으로는 독재적 양육을 하는 엄마, 품에서 아이를 놓지 못하는 엄마, 열등의식에 시달리는 엄마, 남편을 배제하는 엄마, 무조건 헌신하는 엄마, 아이를 협박하는 엄마, 동정받길 원하는 엄마, 아이를 질투하는 엄마이다. 이 모든 엄마의 유형은 따로 떨어뜨려 놓고 생각하기는 어려울 수도 있다.

어떠한 엄마의 마음속에나 이러한 유형이 조금씩은 다 자리 잡고 있을 수 있다. 정도의 차이이고, 빈도의 차이일지언정 모두 이러한 유형을 조금씩 가지고 있는 것이다.

좋은 엄마에 집착하는 이유는 좋은 엄마가 되고 싶다는 생각이

에필로그

강하기 때문이다. 이토록 좋은 엄마에 집착을 하는 이유는 바로 나 자신이 어린 시절 나의 엄마에게 받은 상처가 깊기 때문일 수 있다. 또 하나의 이유는 내가 못다 한 것들을 아이를 통해 대신 이루고 싶은 욕구가 크기 때문일 수도 있다.

이러한 좋은 엄마 콤플렉스에서 벗어나기 위해서는 어떻게 해야 할까?

첫째, 지금까지 내가 가져왔던 엄마에 대한 시각, 아이에 대한 시각을 새롭게 재정비해야 한다. 아이에 대해서, 또 나 자신의 역할에 대해 생각하고 있었던 기존의 패러다임을 변화시켜야 한다. 그러기 위해서는 다른 사람의 관점을 이해해야 한다. 또한 자신의 문제를 알아야 한다. 나와 아이를 잘 아는 것이 좋은 엄마가 되는 첫걸음이다.

둘째, 지속적으로 노력해야 한다. 아이를 양육하는 것은 끝도 없이 이어지는 문제의 연속이고, 해결해야 할 끝없는 뒤치다꺼리의 연속이다. 끊임없이 노력하다 보면 어느 순간 자신도 모르게 양육 능력이 향상되어 있는 것을 발견하게 된다. 여자는 약하지만, 엄마들은 모두 강한 이유가 바로 그것이다.

셋째, 지금까지 다른 사람들의 시선에서 바라보고 있었던 가치들을 아이를 중심으로 다시 한번 바꾸어 보는 것이 필요하다. 다른 사람들이 모두 하고 있는 일이라고 해서 반드시 좋다거나 옳은 일은 아니다. 우리 아이에게 아무런 생각도 없이 남들이 다 하고 있으니까 해주는 일이 있는지를 잘 살펴봐야 한다.

넷째, 아이 문제에 있어서는 욕심이나 조바심을 버리고 마음을 비우고 아이 자체가 가진 긍정적인 면과 장점을 믿어줘야 한다. 내가 기르는 아이가 나중에 정말 훌륭한 사람이 될 것이라는 믿음과 희망을 가지고 현재의 부족하고 미숙한 점들을 이해하고 지켜봐 줘야 한다.

좋은 엄마가 되기 위한 방법은 어쩌면 거창하거나 새롭고 혁신적인 일이 아닐 수도 있다. 이미 알고 있는 일이지만 실천을 못 했던 일일 수도 있다. 하지만, 항상 내가 잘 알고 있다고 생각하던 것들도 다시 한번 돌아보고 반성하며 실천하는 자세가 필요하다.

 과거 선인들의 현명한 말 속에서, 또한 뇌과학 연구의 풍성한 과학적 증거 속에서 좋은 엄마가 되기 위한 다양한 방법들을 찾아 우리 아이를 잘 키웠으면 하는 바람이다.

참고문헌 ••••

*인간 발달의 통합적 이해 : 본능에서 정체성으로의 발달 / 루이스 브레거 지음 ; 홍강의 ; 이영식 옮김 서울 : 이화여자대학교출판부, 1998

*EBS 교육방송 다큐프라임 마더쇼크 3부작 2부: 엄마의 뇌 속에 아이가 있다. (2011년 5월 30일~6월 1일 방영)

*Daniel Levitin. This Is Your Brain On Music: Understanding a Human Obsession. London: Grove/Atlantic, 2008.

*Dellisch H. Symbiotic-psychotic syndrome (M. S. Mahler).
Prax Kinderpsychol Kinderpsychiatr. 1983 Nov-Dec;32(8):305-10.

*Maccoby, E. E., & Martin, J. A. Socialization in the context of the family: Parent-child interaction. In P. H. Mussen (Ed.), Handbook of child psychology. Vol. 4: Socialization, personality, and social development (pp. 1□101). New York: Wiley. 1983

*Baumrind, D. Current patterns of parental authority. Developmental Psychology Monograph. 1971

*Kelly, S., Brownell, C. A., & Campbell, S. B. Mastery motivation and self-evaluative affect in toddlers: Longitudinal relations with maternal behavior. 2000

*Cabrera, N.J., C.S. Tamis-LeMonda, R.H. Bradley, S. Hofferth, and M.E. Lamb. "Fatherhood in the Twenty-First Century." Child Development, vol. 71, no. 1, January/February 2000, pp. 127-136.,

 *Black, M. M., Dubowitz, H., & Starr, R. H. African American Fathers in Low Income, Urban Families: Development and Behavior of Their 3 Year-Old Children. Child Development, 1999. 70 (4), 967-978.

*Barber BK. Parental psychological control: revisiting a neglected construct. Child Dev. 1996 Dec;67(6):3296-319.

*EBS 교육방송 다큐프라임 마더쇼크 3부작 2부: 엄마의 뇌 속에 아이가 있다. (2011년 5월 30일~6월 1일 방영)

*Ainsworth MDS. Patterns of attachment.: A psychological study of the strange situation. Taylor & Francis. 1979

*Suess G et al. Effects of infant attachment to mother and father on quality of adaptation on preschool. International Journal of Behavioural Development 1992. 15:43-65.

*Oskis, Andrea and Loveday, Catherine and Hucklebridge, Frank and Thorn, Lisa and Clow, Angela Anxious attachment style and salivary cortisol dysregulation in healthy female children and adolescents. Journal of Child Psychology and Psychiatry, 2011. 52 (2). pp. 111-118

*Akhtar N, Menjivar JA. Cognitive and linguistic correlates of early exposure to more than one language. Adv Child Dev Behav. 2012;42:41-78.

*Stipek D, Recchia S, McClintic S. Self-evaluation in young children. Monogr Soc Res Child Dev. 1992;57(1):1-98.

* EBS 교육방송 교육대기획 10부작 학교란 무엇인가 6회 '칭찬의 역효과' (2010년 11월 23일 방영)

* Harlow, Harry F. and Suomi, Stephen J. "Social Recovery by Isolation-Reared Monkeys", Proceedings of the National Academy of Science of the United States of America 1971. 68(7):1534-1538.

* 소아정신의학 Korean Textbook of Child Psychiatry 홍강의 외. 서울. 중앙문화사. 2005.